Kuhn, Detlef | Kuhn, Jürgen

Hoffnungsworte

HOFFNUNGS
WORTE

**77 Segen
und gute Gedanken**

HERDER

FREIBURG · BASEL · WIEN

Detlef Kuhn, geb. 1942, Pastor im Bistum Essen, Schwerpunkte in der Liturgie, der Sakramentenpastoral, Pilgerfahrten, Gemeindemission, Verbands- und Jugendseelsorge.

Jürgen Kuhn, geb. 1948, Pastor im Bistum Essen, Schwerpunkte in der Liturgie, der Sakramentenpastoral, der erlebnisorientierten Pastoralpädagogik, Verbands-, Schul- und Jugendseelsorge.

© Verlag Herder GmbH, Freiburg im Breisgau 2010
Alle Rechte vorbehalten
www.herder.de

Bildnachweis: Umschlagmotiv: © fotolia
Fotos im Innenteil: © fotolia, © photocase

Idee und Konzeption: Maria Thomauske, Britta Grothues
Gesamtgestaltung: res extensa. Norbert Thomauske

Herstellung: fgb · freiburger graphische betriebe
www.fgb.de

Gedruckt auf umweltfreundlichem, chlorfrei gebleichtem Papier
Printed in Germany

ISBN 978-3-451-32720-9

3

Für Bäckerinnen und Bäcker

Möge der Wohlgeruch
deiner Backstube die Freude
in die Häuser tragen
und vielen Menschen einen
guten Morgen wünschen.

Möge die Köstlichkeit
des Brotes aus deinem Ofen
den Hunger vieler
Menschen stillen und sie
mit Dankbarkeit erfüllen.

Mögen die Früchte
deiner Hände Arbeit
den Menschen Kraft
und Hoffnung geben
und ihnen
gute Stunden schenken.

Möge dir nie das Mehl
ausgehen und die vielen guten Gaben,
die du in deinem Können
wohldurchdacht zusammenführst
und zubereitest.

zu welcher Verantwortung
das Leben dich geführt hat,
damit in deinem Werk
die Achtung vor dem Werk des Schöpfers
immer gegenwärtig ist.

Gott segne dich und deine Hände.
Er halte jedes Unheil von dir fern.
Er sei als Hüter und Beschützer
zu jeder Zeit und überall
an deiner Seite.
Er gebe dir den freien Blick
für jede Kostbarkeit, die aus
der Tierwelt überreich geboten wird,
und halte in dir immer den Gedanken wach,
dass hinter allem Seine große
Liebe steht.

Inhalt

Zum Geleit

Mit dir erstürme ich Wälle,
mit meinem Gott
überspringe ich Mauern
(Psalm 18,30)

Im Segen wird dem Menschen hörbar die Gnade Gottes ausgesprochen. Der eine und zugleich dreifaltige Gott öffnet den Zugang zu den ihm ureigenen Gaben aus Liebe und Leben. Der Mensch tritt hier als Vermittler für den Menschen auf und bildet eine gottmenschliche Wirkgemeinschaft.

Der eigentlich Handelnde und Schenkende jedoch ist Gott. Er nimmt das Gebet und die Bitten der Menschen ernst und reagiert. Gott ist dem Menschen immer nahe, er trägt und hält ihn. Im Segen aber lässt er eine exklusive Berührung zu und macht seine Nähe auch menschlich spürbar. So wird das wirkmächtige Zeichen Gottes zugleich zum menschlichen Signum der Liebe und der Nähe.

Alle Menschen sind zum Segnen eingeladen. Die Form ist vielfältig. Die feierliche Form in der Liturgie kennt feste Abläufe. Das Aufstellen einer brennenden Kerze, die Handauflegung, das stille Gebet, die liebevolle Umarmung sind weitere Segensformen.

Immer wird die Hoffnung auf die helfende Gegenwart Gottes zum Ausdruck gebracht. Die folgenden Segenstexte laden ein zum Gebet und zum Vollzug. Die spirituelle Sicherheit des segnenden Gebetes bringt ein tieferes Vertrauen zu Gott ins Wachsen. So wollen die siebenundsiebzig Vorschläge auch zu selbstformulierten Segensworten ermutigen und deutlich machen, dass Gott allen Bereichen menschlichen Daseins hilfreich und liebevoll zur Seite steht.

Detlef Kuhn und Jürgen Kuhn

2

Für Metzgerinnen und Metzger

Gott segne dich und deine Arbeit
jeden Tag aufs Neue.
Er halte dich gesund
an Leib und Seele
und Er erfülle dich mit
Ehrfurcht vor
der Schöpfung, die den Menschen
zur Nahrung dient.

Er halte in dir jene Kunst
lebendig, die die Geschenke
der Natur zur delikaten Speise
werden lässt.
Er lehre dich die Vielfalt
der Gewürze und zeige
dir in ihrer Harmonie
die Ahnung menschlicher Bedeutsamkeit,
die jeden Einzelnen
zum Salz der Erde werden lässt.

Er gebe dir den Geist
der Dankbarkeit, damit
dein Handwerk deine Ehre bleibt,
damit es dir zu jeder Zeit bewusst ist,

Du trägst die Lebensfreude des Allmächtigen
in deinem Herzen.
In deinen Träumen tanzt du mit den Winden
und summst zum Spiel der Bienen im
Konzert des Sommers.
Du grüßt den Regen wie den altvertrauten
Freund und findest keinen Schlaf
in Sorge um die Ernte.
Der Große Wundertäter segne dich
und gebe deinem Wirken gute Früchte.

In deinem Herzen lebt die Weisheit
des Allwissenden.
Du kniest dich nieder vor dem
jungen Spross und tastest mit
geübter Hand nach der Gesundheit
des Gesäten.
Du schützt mit deinem Wissen
und mit der Erfahrung mancher Jahre
den Garten wie ein Paradies.
Der Große Hüter segne dich
und führe dich
zu einem Wohlgelingen und zum Glück.

1

Für Gärtnerinnen und Gärtner

Du bist dem Schöpfergott
ganz nahe.
Du kennst die Kraft der Erde
und die Macht des Wetters.
Du kennst die Wurzeltiefe
deiner Pflanzen und ihre Kraft,
durch festes Erdreich an das
Licht zu wachsen.
Der Große Gärtner segne dich
und lasse deine Arbeit selbst
zum Segen werden.

Du spürst die Lebenskraft
des Weltenherrn ganz tief.
Du traust dem Samenkorn
den Zauber zu,
zum Baum zu werden.
Du erkennst schon vor der Zeit
die Schönheit einer Rose.
Du atmest mit dem Morgenduft
das Wunder neuen Lebens ein.
Der Große Lebensvater segne dich
und schenke dir das Staunen
über jede Regung.

Im Alltag

"

Ich werde dich

segnen.

Und du sollst

ein Segen sein.

(Genesis 12,2)

Möge die Freude,
die du anderen bereitest,
in dein Herz zurückkehren,
damit du froh und glücklich bist.

Möge Gott, der Vater aller Menschen,
dich begleiten, wenn du noch vor
dem Sonnenaufgang an dein Tagwerk gehst,
und dich mit Lebensmut beschenken
und mit der Güte zu den Menschen.

Möge dir Christus bei deinem Tun
zur Seite stehen.
Er hat mit fünf Broten Tausende
gesättigt und ist in seiner Liebe
selbst zum Brot des Lebens geworden.

Möge der Heilige Geist
immer bei dir sein.
Damit du voller Freude jeden
neuen Tag beginnst,
als wäre es der erste.

4

Für Landwirtinnen und Landwirte

Ich wünsche dir
für deine Felder,
deine Weiden,
deine Äcker,
deinen Grund und Boden
Gottes Segen.

Ich wünsche dir
für deine Scheune,
deine Ställe,
deinen Unterstand,
für Haus und Hof
den Segen Gottes.

Ich wünsche dir
für Rind und Kuh,
für Schaf und Ziege,
für Pferd und Hund,
für Land und Leute
Gottes Segen.

Ich wünsche dir
für Frau und Kind,
für Alt und Jung,

für alle Menschen auf dem Hof,
für Groß und Klein
den Segen Gottes.

Ich wünsche dir
am Tag der Saat,
am Tag der Mahd,
am Tag der Reife,
am Tag der Ernte
bestes Wetter, beste Kraft
und Gottes Segen.

Ich wünsche dir
ein gutes Auge
für den rechten Augenblick,
eine offene Hand
für die Not der Armen,
ein wachsames Ohr
für den Freund und den Nachbarn,
ein weites Herz
für den Dank und die Liebe
und heute und morgen
den Segen Gottes.

5

Für Briefträgerinnen und Briefträger

Unterwegs bei Wind und Wetter,
Sonnenbrand und Winterkälte,
zuverlässig kommt die Post
Tag für Tag, jahrein, jahraus.
Hinter jedem Brief und hinter
jeder Sendung steht ein Mensch,
der dafür sorgt, dass der
Adressat gefunden wird.

Möge der Dank jener, die hinter
dem Briefkasten wohnen,
den erreichen,
der für sie unterwegs ist.

In den Straßen ist er wohlbekannt,
ein Gesicht, das in das Leben
eingebunden ist. Mit dem Fahrrad,
mit dem Auto und zu Fuß,
posterkennbar eingekleidet. Hier
ein Gruß, ein Hundebellen, dann
und wann ein kurzes Lächeln.

Möge Gott dich dafür segnen,
dass du deinen Dienst erfüllst,

dass du in dem Bild der Stadt
ein Stück Heimatahnung bist.

Jeder Brief wird zugestellt,
die Bedeutung bleibt geheim.
Jede Lieferung und jeder Gruß
wird Postbriefträgern anvertraut.
Mit der Post trägt er dabei
auch die Sendungen des Lebens,
die ihn selbst betreffen und
beschäftigen.

Möge Gott dein Leben segnen
und dich auf dem Weg bewahren,
der dich zu den Menschen führt,
und dich auf dem Weg behüten,
der dich zu dir selber bringt.
Ärger, unerzogene Hunde,
versteckte Adressen,
Schnupfen und alles Böse
halte Gottes Segen von dir fern
und beschenke dich mit allem Guten.

6

Für Polizistinnen und Polizisten

Du Hüter des Gesetzes,
mit welcher Mühe und mit
welchem Einsatz stehst du
dafür ein, dass Ordnung herrscht!
Oft unter Einsatz deines Lebens
bist du bei Tag und Nacht vor Ort,
um Schaden von der Stadt
und von dem Land zu halten.

Dein Wirken ist ein Segen
für die Menschen und soll
von Gott immer gesegnet sein.
Für dich sei Gott wie eine
feste Burg, ein guter Halt zu jeder Zeit!

Du bist als Freund der Bürger
stadtbekannt und dein
Erscheinen bringt den
Menschen Ruhe und Vertrauen.
Wenn man dich ruft,
eilst du herbei und bist
bereit, mit Rat und Tat,
so wie ein Freund, ein guter Mensch,
in Not und Schwierigkeiten da zu sein.

Es ist ein Segen, dass es dich
und deine Mitarbeiter gibt.
Für dich sei Gott ein treuer
Weggefährte, die Freundeshand,
die zu dir hält.

Du wirst der Helfer aller Menschen
in deinem Revier genannt.
Du kommst, wenn man dich braucht.
Die kleinen und die großen Sorgen
eines Alltagslebens werden dir immer
wieder anvertraut.

Du bist ein Segen für die Stadt,
und Gott wird Seinen Segen
zu dir senden. Er sei dir so
nahe wie die Kleidung, die du trägst.
Er umgebe dich und beschütze
und halte Seine guten Hände immer über dir.

7

Für Kellnerinnen und Kellner

Du bringst die Gaben an
den Tisch.
Du trägst
die Speise und den Trank.
Du präsentierst
die Kunst der Küche.
Du füllst den Raum
mit Gastlichkeit.

Gott segne dich
für deine Großmut,
Tag für Tag der Mensch
zu sein,
der den Dienst zur Kunst
erhebt.
Gott segne dich
in deiner Freiheit,
die Menschenwürde zu bewahren
bei allem,
was die Zeit dir bringt.

Du kennst die Reichen
und die Armen,
du kennst die vielen Menschenmasken,

du kennst das Schauspiel
und die Wahrheit
und weißt dich immer
doch als Teil
in einem großen Spiel.

Gott segne dich
in deinem Wissen,
in deiner Lebensweisheit und
Erfahrung.
Er leite deine Hände,
deine Schritte, Er
leite selbst die Züge deiner Miene.

Er heilige das, was
du tust,
und gebe dir die Kraft
des großen Geistes,
der als ganz freie Gabe
jedem Menschen
ohne Grenzen zubemessen ist.

8

Für Elektrikerinnen und Elektriker

Ich wünsche dir einen guten Draht
zu Gott und zu den Menschen.
Ich wünsche dir, dass dein ganzes
Leben eine zuverlässige Verbindung
mit dem Himmel hat und für den
Lebensalltag gut geerdet ist.
Ich wünsche dir, dass du
vor Stromschlag und Verbrennungen
bewahrt bleibst,
und lege meine Gebete für dich in
Gottes Hand.

Ich wünsche dir einen richtigen
Anschluss zu Gott und zu den
Menschen, und dass
kein Kurzschluss etwas Gutes
unterbricht. Ich wünsche dir,
dass alle Bilder deiner Arbeit
für dich zum Zeichen werden
und an das, was hinter allem steht,
erinnern.

Ich wünsche dir in deinem Leben
gute Pole, an denen du dich halten

kannst und die dem Leben eine
Spannung geben, die dich begeistert,
in Bewegung hält und immer Neues
überraschend offenbart. Ich wünsche
dir, dass große Lebensfreude und
tiefes Lebensglück wie guter Strom
durch deine Lebensadern fließen,
von Gott gespeist, von Gott gegeben.

Ich wünsche dir den Segen Gottes
wie eine gute Sicherung, die dich
in allem wohlbehütet und beschützt.
Er sei bei dir und lade deine
Lebenskräfte immer wieder auf.
Er gebe dir den Mut, auch schwere
Aufgaben zu meistern, Er gebe
dir die Hoffnung, an dich selbst zu
glauben, weil Er zu dir hält.

9

Für Millionärinnen und Millionäre

Der Dreifaltige Gott sei mit
Seinem reichen Segen bei dir.
Er sei dein Herr und dein Weg,
damit du frei bleibst
von der Herrschaft des
Machbaren und des Kaufbaren.

Sein Geist lebe in deinem Herzen
und in deinem Denken.
Er gebe dir die Oberhand über
deinen Besitz, damit du
Zeit findest zu tiefer Freude,
Menschen zu echter Freundschaft,
Orte der Sicherheit,
Worte aus Wahrhaftigkeit,
Verträge des Vertrauens.

Seine Liebe sei in deinem Hause guter Gast.
Sie öffne dir Herz und
Hand zur Hilfe
für die Armen,
zur Anwaltschaft
für die Bedrängten,
zum Schutz für die Wehrlosen.

Dein Wohlstand sei ein
Hoffnungszeichen für die Menschen,
die dich brauchen.

Seine Gnade sei der Reichtum
deines Lebens; Seine Frohe Botschaft
sei der wahre Grund für deine Freude;
Seine Güte sei die Lehrmeisterin
deines Handelns und Sein Erbarmen sei das
Maß für alle Dinge.

Gott halte seine gute Hand
über deinem Haus und über alle,
die dir lieb und nahe sind;
Er heilige deine Pläne und schenke
dir die Gesundheit der Seele
und des Leibes;
Er schenke dir ein langes,
glückliches Leben und einen
festen Glauben an Seine Gegenwart.

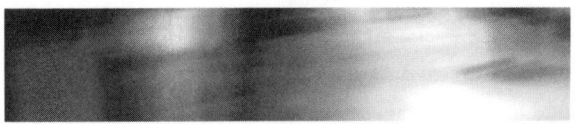

10

Für Tänzerinnen und Tänzer

Fang dir einen Segen
aus den leichten Wolken,
denen du in sanften Sprüngen
nahekommst.
Tupf mit deinen Füßen
einen Segen von dem Boden,
der dich eben hält.

Greif mit deinen Händen
nach den Sternen,
bis sie einen Glanz
aus Segen auf dich
niederstrahlen.
Schwebe durch den Segen,
der für dich
auf Himmelswegen wartet.

Tanze eine neue Wirklichkeit,
damit der große Segen
dir und allen sichtbar wird,
die Segensquellen übersehen
und ihre Sprache nicht verstehen.
Komm ganz zu dir
und fühle jenen Segen,

der immer schon bei dir
zu Hause ist,
und dem nur deine
Schritte und dein Reigen
Kraft und Leben geben.

Er, der den großen
Kreislauf angefangen hat,
Er segne deine Bahn
und führe dich durch eine Welt,
die einzig dir gehört.
Du weißt, dass
deine Schritte Schritt für Schritt ein
Segen sind:
die Choreografie
des Schöpfers mit dem Werk
in einer segensreichen
Kraftgemeinschaft.

Für Verkäufer und Verkäuferinnen

Gott sei mit dir,
und Sein Segen komme über dich,
bei allem, was du jeden Tag erlebst.
Gott schenke dir
Geduld, wenn deine Kunden ungeduldig sind.

Gott schenke dir
die Freundlichkeit, die auch besteht,
wenn andere das Gegenteil erwählen.

Gott schenke dir
Behutsamkeit mit Menschen, die zu
schüchtern und zu unbeholfen sind.

Gott schenke dir Erfolg,
auf den du stolz sein kannst, weil du
die Ware, die dir zugeteilt ist,
menschlich, herzlich
an den Mann, die Frau gebracht hast.

Gott segne dich und zeige dir,
dass du vor Ihm viel mehr giltst
als alle Zahlen und Statistiken.

Mitten
im Leben

"

Denn der Herr
ist deine Zuflucht,
du hast dir
den Höchsten
als Schutz erwählt.

(Psalm 91, 9)

12

Für Erzieherinnen und Erzieher

Deine Hände seien gesegnet,
damit sie Schutz und Halt
gewähren und zuverlässig sind;
deine Füße seien gesegnet,
damit sie sicher stehen
wie ein Fels in der Brandung.

Deine Finger seien gesegnet,
damit sie ein feines
Fingerspitzengefühl entwickeln
und die Kunst der Achtsamkeit
erlernen.

Deine Augen seien gesegnet
mit einer liebevollen Wachsamkeit,
die bis in die Wurzel der
Kinderseelen blickt und
immer den richtigen
Augenblick erkennt.

Deine Ohren seien gesegnet,
damit sie hören und verstehen,
wahrnehmen und begreifen,
aufnehmen und bewahren,

annehmen und vertrauen,
aushalten und bewahren.

Deine Gedanken seien gesegnet,
damit dein Geist dir immer
neue Wege zeigt zu den Herzen derer,
die dir anbefohlen sind.
Damit kein Mensch dir jemals zur
Gewohnheit wird und jeder
Junge, jedes Mädchen dir
zu jeder Zeit ein Gotteswunder
bleibt.

Dein Beruf sei dir gesegnet
und stehe immer unter Gottes
guter Obhut.
Er sei zu jeder Zeit, an jedem Ort
bei dir an deiner Seite
und halte dich in Seinem Licht,
in Seinem Geist, in Seiner Freude.

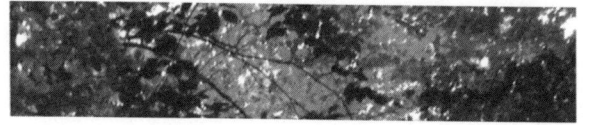

Für Priester

Schön, dass es dich als Priester gibt.
Du sprichst ganz unverhohlen von den
Wahrheiten des Lebens.
Du trägst die Botschaft Gottes zu den Menschen
und sammelst für das Brot der Armen.
Sei tausendmal von Gott gesegnet!

Gut, dass du da bist.
Du bringst Heimat in die Welt. Der Klang der
Glocken sagt, dass Gottesdienst gehalten wird,
mitten im Alltag und im lauten Treiben.
Sei tausendmal von Gott gesegnet!

Beruhigend, dass du deine Stellung hältst!
In allen Wechselzeiten bist du da und zeigst,
wie sehr die Nähe Gottes allen Menschen
überreich gegeben ist. Du bringst die Hoffnung
Gottes in die Häuser und führst das Leben in den
göttlichen Zusammenhang.
Sei tausendmal von Gott gesegnet!

Tröstlich, dass es dich gibt!
Dir ist die Antwort auf die Menschenängste
anvertraut, und was du bindest, was du löst,

gilt auch im Himmel. Du sprichst die
liebevollen Worte Gottes zur Versöhnung aus.
Sei tausendmal von Gott gesegnet!

Wichtig, dass du da bist und mit der Kirche
Christus folgend deine Arbeit tust!
Nach allen Wirren der Geschichte,
nach allen Turbulenzen menschlicher
Verirrungen hat Gott dich und die Seinen
längst nicht aufgegeben und legt dir
Seine Worte in den Mund und Seine Wunder in die Hand.
Sei tausendmal von Gott gesegnet!

Ein Glück, dass du heute noch als Priester
für die Menschen da bist!
Im Zeugnis mit und ohne Worte
verkündest du das Evangelium und bist
von Gottes Kraft getragen und gehalten,
der deine Menschlichkeit erträgt und
Seine Herrlichkeit im Brennpunkt
deines Wirkens offenbart.
Sei tausendmal und tausendmal von Gott gesegnet!

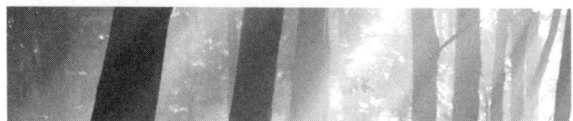

14

Für Lehrerinnen und Lehrer

Dein Geist sei weit und frei,
um Wissen in die Welt zu tragen
und Seelen für das Leben auszurüsten.
Dein Geist sei wach und stark,
um selber immer neu zu suchen
und selber immer neu zu werden.
Dein Geist sei sanft und achtsam,
um das Verborgene zu sehen
und Diamanten zu entdecken,
damit sie in das Sonnenlicht geraten
und eine Leuchtkraft sondergleichen strahlen darf.

Dein Leben sei erfüllt von der Begeisterung,
die vor dem Wunder des Begreifens
in sich Ruhe findet und nicht zur Ruhe kommt,
bevor das Große nicht als Lebensgabe
neu und immer wieder wie ein guter Same eingepflanzt,
zu einem Blühen wachsen darf.

Dein Blick verfüge über jene Kunst, Talente zu entdecken,
Begabungen zu fördern und Unentdecktes freizulegen,
damit die an der Lebensschwelle Stehenden
mit einem starken Inneren die Zukunft wagen.
Dein Herz sei fest verwurzelt

in dem großen Traum des Unfassbaren,
der wie der Dornbusch brennt und brennt und nie vergeht,
der dich der Enge der Alltäglichkeit entzieht
und selbstbewusst das Überübernächste
denken und erahnen lässt.

Dein Wissen sei so groß, dass du noch klein sein kannst
und dich an deine Kindheit
gerne und sehr gut erinnern magst.
Dein Wissen sei so umfangreich,
dass es dich immer wieder freundlich einlädt,
seine Grenzen neu zu setzen und mit Geduld
die vielen Unvollkommenheiten zu ertragen.

Ein ermutigender Blick, ein tröstendes Lächeln,
ein verständnisvolles Wort seien dir stets zur Verfügung
und manchmal sei dir auch die Gabe angetan,
aus vollem Halse über dich zu lachen.

So werde Meister aller Klassen
und lehre sie die Meisterschaft des Lebens
und werde immer wieder selbst zum Schüler,
geführt von Gott,
der dir zu allem Seinen guten Segen gebe.

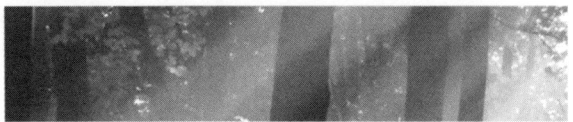

15

Für Küsterinnen und Küster

Du weißt genau, wo die Glocken hängen,
und bringst sie zeitgerecht zum Läuten
und kündest weit bis in die Stadt
den Anfang jeden Gottesdienstes.
Du schließt die Kirchentüre auf
und zündest jene Kerzen an,
die jeden Tag die Heiligkeit
des Augenblicks mit ihrem Licht umstrahlen.

Friede sei mit dir und eine heitere Zufriedenheit,
vom Herrn persönlich in dein Herz gelegt.

Dein Leben geht im Rhythmus eines Kirchenjahres
und kennt die Zeiten und die Hochfestkreise.
Dein Dienst ist sicher wie das „Amen" in der Kirche.
Du kennst die Regeln und die Ausnahmen davon.
Du bist der Mensch, der fest dazugehört.

Freude sei mit dir und eine glückliche Befindlichkeit,
vom Herrn behutsam in dein Haus getragen.

Du hegst die Paramente und Gewänder,
Du leistest deinen Dienst im Allerheiligsten.
Dein Weg kreuzt immer wieder den zum Tabernakel,

in deiner Obhut sind die heiligen Geräte.
Der Wein, das Brot,
die Gaben für das große Wunder,
sind deiner Sorgfalt anvertraut.
Du bist als Erster da
und schließt zum Schluss die Kirchenpforte.

Vertrauen sei in dir und das Gefühl von göttlicher
Geborgenheit, vom Herrn verbindlich
in dein Ohr gesagt.

Du lebst in deinem Tun vor Gott,
und dein Beruf ist mehr als Lebenssicherung.
Dein Herz führt deine Hand und deinen Fuß.
Dein Glaube ist das Fundament, auf
dem du stehst.

Der Herr sei immer mit dir
und Seine immer neue Herzbegeisterung,
von Seinem Geist persönlich deinem Denken
eingegeben.

16

Für Organistinnen und Organisten

Du bist zu hören, nicht zu sehen.
Du schlägst die Töne an und füllst
den Kirchenraum mit Klängen.
Mit Hand und Fuß erweckst du Schweigendes
und bringst das Gotteshaus ins Schwingen.
Der, dem die Engelchöre „Hosianna" singen,
bereite dir ein hohes Segensmaß und schenke dir
in deinem Tun Erfüllung.

Du trägst mit deinem Kunstvermögen
den Festgesang der Gläubigen.
Du nimmst sie mit durch alle Höhen,
alle Tiefen ihres Lebens.
Du lässt das Leben leichter werden im Gesang
und stillen Lauschen.
Gott, der das Lied der Schöpfung schuf,
bedenke dich mit Seinem sanften Segen
und schenke dir durch die Musik die Lebensfreude.

Du gibst dem Gottesdienst ein Festgewand.
Du führst die Hörenden in die Geheimnisse des
Unsichtbaren. Du hebst die Sinne in Bereiche
des Verborgenen und lässt die Menschen
Unbeweisbares erleben.

Gott segne dich dafür in reichem Maße und
stärke deinen Glauben, deine Hoffnung, deine Liebe.

Du bist der Herold aller großen Feste.
Die Orgel folgt bereitwillig den Weisungen,
die du ihr gibst. Du schöpfst aus deinem Vorrat,
um Feststimmung großzügig zu bereiten.
Für dieses Glaubenszeugnis sei gesegnet.
Gott gebe dir an jedem Tag Gesundheit für den
Leib und für die Seele.

Du spielst die altbekannten Lieder
und pflanzt sie Tag für Tag als Saatgut
für die Seele ein. Sie werden Heimat und
Zuhause, Erinnerung an ferne Kindertage
und klingen nach durch die Jahrzehnte.
Gott segne dich in deinem Dienst-Tag und
gebe deinem Leben einen guten Klang.

17

Für Musikerinnen und Musiker

Gesegnet seien alle Menschen,
denen die Musik gegeben ist.
Sie geben großzügig von ihrer
Kunst und zaubern einen Hauch
des Unfassbaren in die Welt hinein.
Mit höchster Spannung
warten sie auf ihren Einsatz
und geben sich uneingeschränkt
in das Gelingen großer Werke.

In ihrer freien Würde dienen
sie dem Ganzen, damit das
Ganze Großes schaffen kann.
Der Schöpfergott erfülle sie
mit seinem Segen, sie, denen
immerzu das Schöpferische
so vertraut ist.

Im freien Taktgefühl des Könnens
erleben sie das Sinnbild eines
Lebens in Achtung und in
Achtsamkeit vor jedem Mitgeschöpf
in einer großer Partitur aus
Weltgefühl.

Gesegnet seien sie in ihrer
Einzigartigkeit. Die Kunst,
die sie berühren, sei für sie
die Nahrung einer Herzkultur,
die tief im Innern ahnen lässt,
dass jedem Leben eine Würde
innewohnt, die Demut lehrt
und einem freien, wachen Geist
es leicht macht, sich im
Staunen zu verneigen.

Gesegnet seien alle Menschen,
denen die Musik gegeben ist.
Sie seien frei von jedem falschen
Ton und frei für jene hohe Kunst
des Lebens, die neidlos, arglos
Schönes schafft und lebt.

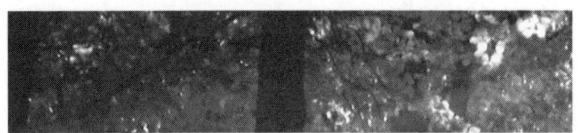

18

Für Richterinnen und Richter

Herr,
schenke Deinen Segen denen,
die dazu eingesetzt sind,
Recht zu sprechen.
Sie geben Paragrafen
eine Seele und
füllen Buchstaben mit Leben.
Sie wägen ab und sprechen Urteil
zwischen Schuld und Unschuld.
Sie finden das gerechte Maß
und stehen stellvertretend
für ein ganzes Volk.

Durchdringe sie mit
Deinem Geist und heilige ihr Wirken.
Bewahre ihnen auch
in der Begegnung mit
Verfehlungen den weiten Sinn
für alles Schöne und für Menschlichkeit.

Herr, schenke allen
Richtern Deinen Segen.
Sie dienen der
Gerechtigkeit und Wahrheit,

sie halten Menschen
Ehrlichkeit vor Augen
und laden ein zum
Eid auf Dich und auf Dein Wort.
Sie stehen Tag um Tag
zwischen den Polen
Lüge oder Ehrlichkeit,
sie sehen Tag um Tag,
was Menschen Menschen
antun können.

Herr, lege Deine gute Hand
auf ihre Schulter
und führe sie durch dieses hohe Richteramt.
Gib ihnen immer neu die
Kraft, die Menschenwürde hochzuhalten,
die Menschenniederungen auszuhalten,
der menschlichen Verirrung standzuhalten,
und sei der Gott,
der immer für sie da ist.

19

Für Ärztinnen und Ärzte

Jesus, der den Kranken die Hände
aufgelegt hat, begleite dich auf den
Wegen zu den Menschen, die deine
Hilfe brauchen.
Er erfülle dich mit der Kraft,
Hoffnung und Heilung zu bringen.

Da, wo es nötig ist, sei
deine Menschlichkeit wie guter Balsam;
da, wo es richtig ist,
sei deine Medizin ein neuer Anfang;
da, wo es wichtig ist,
sei deine Kunst der Schlüssel zur Gesundheit.

Er, der den Blinden das Augenlicht gab,
der für die Menschen Wunder wirkte,
Er sende zu dir Seinen Geist
als Beistand in den Augenblicken
gültiger Entscheidungen,
als festen Halt und Stärkung,
wenn du müde wirst.

Er, der dem Leben den endgültigen
Sieg gebracht hat,

Er mache dich zum Hüter und
Beschützer dieses Lebens,
Er segne deine Forschung, deine
Bildung, damit du aus der Fülle
deines Wissens und deines Könnens
schöpfen kannst.

Er, der am Kreuz vor Schmerz
geschrieen hat und der das
Dunkel der Verzweiflung kannte,
Er führe dich tief ein in das Vermögen,
den Schmerz zu lindern und
das Unerträgliche zu stillen.

Er, der den Menschen Trost
und Freude brachte,
Er, der zum Anwalt aller
Armen wurde,
Er, der der Bruder aller Menschen ist,
Er segne dich, wo du auch bist,
Er segne dich und alle Menschen,
die dir lieb und teuer sind.

20

Für Designerinnen und Designer

Grundgänger der Bestimmungen,
Plansucher aller Absichten,
Design heißt segnen,
Unauswechselbares feststellen
und in seiner Existenz erkennen.

Ein langer Wortweg führte
von signare über segnan,
segan hin zu Segen und gab
dem Wort „Design" den Segensgrund.
Weil du, Designer, also selbst
ein Segner, selbst ein Segen
bist, indem du Wesentliches
suchst und in das Leben rufst,
bist du in deinem Lebensweg
bis in die Tiefe der Person gesegnet
von dem Designer Gott.

Die bunten Götter finden schwerlich
zu dir hin, weil sie sich in
der Maskerade aus Legenden
magisch präsentieren und
Nichtse sind im Nebel alter
Mythen und Erzählungen.

Du bringst die Wahrheit
auf den Punkt,
das Unverwechselbare
und das Unaustauschbare.
Dein Segen ist der Weg
in die Essenz der Dinge,
deren Substanz dir gültig ist.

Du brauchst die alten Götter
nicht für dein Design.
Dein Weg ist Absicht, Planung,
Muster, Zeichnung,
Zeichensegen.
Der, der sich selbst und
dich auf einen Punkt bringt,
segne dich und lege in dich
seinen kreativen Geist,
damit dir ein Design gelingt,
das über alle Formen und Gestalten
zu dir geht.

21

Für Professorinnen und Professoren

Gott hat dir einen Verstand anvertraut,
um zu sammeln,
zu vergleichen,
abzuleiten.
Mit ihm begegnest du dem Leben
sachlich und gekonnt.
Mit ihm verbindest du Gedanken
und Vermutungen.
Mit ihm suchst du Beweise und
Ergebnisse.
Gott halte dir das Tor zum Glauben
offen und führe dich
zu einem deutlichen Bekenntnis
seiner Liebe.

Gott hat dir einen großen Schatz
an Wissen angeboten.
Du weißt viel mehr als andere.
Zu immer neuen Ufern lädt dich
dieses Wissen ein und führt dich
ein in immer tiefere Erkenntnisse.
Dein Wissen
ist ein Gut aus Gottes
Schöpfung.

Er öffne dir den Blick durch alle Formeln,
alle Thesen und führe dich zu
einem klaren Ja zu
Seiner Botschaft.

Gott hat dir die Vernunft gegeben.
Sie ist ein gutes Werkzeug durch
den Irrgarten aus Erfahrung und Gefühlen.
Sie lenkt den Blick auf Normen und
Verbindlichkeiten, auf Gültigkeiten
und Gesetze. Sie bewahrt vor
Unbedachtsamkeit und Übereifer.
Gott schenke dir dazu die Weisheit
Seines Geistes.
Er öffne dir den Spalt zur Hoffnung
und zum Leben.

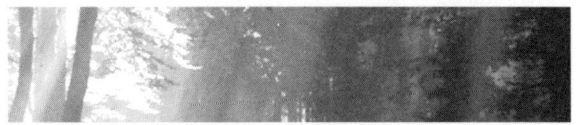

22

Für Reporterinnen und Reporter

Wenn deine Stimme eine neue Nachricht überträgt,
wenn du die Worte kunstvoll, witzig,
sachlich, spannungsvoll,
begeistert weitersagst,
sei Gottes Geist in
deinem Herzen, deinem Denken,
deinem Reden.

Wenn deine Sprache, kunstvoll dem Ereignis angepasst,
zum Werkzeug deiner Botschaft
wird und in Nuancen
Stimmungen berührt,
sei Gottes Geist in dir
mit Seiner Wahrheit, Seiner Weite,
Seiner unverstellten Ehrlichkeit.

Wenn deine Reportage
an das Ohr der Menschen dringt,
wenn du die Wirklichkeit
verbalisierst und in die Welt hinein
beschreibst,
sei Gottes Geist mit Seiner Kraft,
mit Seinem Mut, mit Seiner Weisheit
dir ein Ratgeber und treuer Freund.

Unter Menschen

,,

Der Gott der Hoffnung
aber erfülle euch
mit aller Freude
und mit allem Frieden
im Glauben, damit
ihr reich werdet an
Hoffnung in der Kraft
des Heiligen Geistes.
(Römer 15,13)

23

Für Katholikinnen und Katholiken

Gnade und Kraft und Friede
und Segen seien mit den
katholischen Christinnen
und Christen,
weltweit.
Über ihre Religion
und Konfession
hinaus sei der Entwurf
der Liebe stets die Mitte
ihres Lebens.
Sie mögen Schülerinnen und Schüler
Gottes sein in allem,
was sie unternehmen.

So sollen sie ein Segen werden
für die Welt und die Geheimnisse
des Glaubens leben.
Mögen sie die Menschwerdung
ihres Herrn als wahre Menschen
in der Welt und in der Zeit
bezeugen,
mögen sie im Heiligen Geist
die Wandlung jeder Dunkelheit
zum Licht bewirken.

Jesus Christus sei mit ihnen
und führe sie zur Hoffnung
der Erlösten,
frei von der Sünde und vom Tod,
frei von der Rache und der Lüge,
frei zur Wehrlosigkeit und zur Versöhnung,
frei zur Geschwisterlichkeit und zur Güte,
frei zur Barmherzigkeit und zur Gerechtigkeit.

Gott halte Seine guten Hände
schützend über sie
und stärke ihren Glauben, ihre Hoffnung,
ihre Liebe. Er schenke ihnen die
Einmütigkeit der Herzen und die
Einheit im Bekenntnis zu dem
Weg, den Jesus aus Nazareth gegangen ist.
In Seinem Namen und in Seinem Geist
soll ihre Gemeinschaft gesegnet sein,
damit ihre Kirche ein offenes Haus
für alle wird.

24

Für Protestantinnen und Protestanten

Das Wort der Frohen Botschaft
sei in deinem Herzen und in deinem Geist,
es sei in deinem Planen und in deinem
Handeln, es sei in deinem Suchen und in
deinem Fragen, es sei in deinem Schlafen und
in deinem Wachen,
es sei in deinem Leben und sei dir
Tag für Tag ein guter Segen.

Das Wort des Evangeliums
sei dir die Richtung und der Weg,
sei dir die Weisung und das Ziel,
sei dir die Lehre und der Sinn,
sei dir die Antwort und die Wahrheit,
sei dir der gute Rat zu jeder Zeit
und segne dich, wo du auch bist.

Das Wort der Schrift gelange
liebevoll in deinen Alltag,
es komme klar und deutlich bei dir
an, es bleibe fest verwurzelt
in der Tiefe deines Wesens,
es wohne wie ein guter Gast in
deinem Hause, es gehe mit dir über alte,

über neue Wege
und schenke dir das Glück
der Gotteskinder.

Das Wort des Schöpfers
stärke dich, wenn du müde wirst,
es richte dich auf, wenn du traurig bist,
es beruhige dich, wenn du zürnst,
es tröste dich, wenn du dich fürchtest,
es leite dich, wenn du unsicher bist,
es halte dich, wenn du strauchelst,
und halte dich von allem Dunklen und
von allem Bösen fern.

Das Wort, das Mensch geworden ist,
sei dir der treue Weggefährte
deines Lebens, damit du Brücken
findest zu den Schwestern, zu den
Brüdern, damit du in Versöhnung
leben kannst und Frieden bringst
in Seinem Namen und, reich gesegnet,
selbst zum Segen wirst.

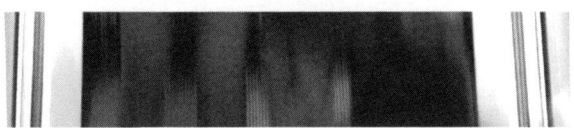

25

Für Muslimas und Muslime

Alles was dir heilig ist und
durch die große Gnade des Allmächtigen
in deine Welt gegeben wurde,
weise dir den Weg
zur Güte und Barmherzigkeit.
Und der Allwissende,
in dem die ganze Wahrheit
und die ganze Schönheit verborgen ist,
behüte und beschütze dich.

Der Ewige bestimme
deine Zeit und gebe dir die Kraft,
die Stunden und Minuten
deiner Tage so zu nutzen,
dass sie Ihm zur Ehre dienen
und dir und deinem ganzen Hause
zum Heil und Segen werden.

Gott schenke dir das Vertrauen
des Noah, der gerettet wurde,
weil er sich auf Seine Weisung verlassen hat.
Er schenke dir den Glauben
des Abraham, der zum Völkervater wurde,
weil er Ihm gehorchte und aufbrach,

ohne zu wissen, wohin es ging.
Er schenke dir die Hoffnung des Mose,
der sein Volk durch die Wüste führte
und die Nähe Gottes erleben durfte.

Gottes Zärtlichkeit, die nur bei Ihm wohnt,
sei als sanfter Segen überall und immer
mit dir; Er erhöre dein Flehen und bewahre dich
vor der Dunkelheit der Sünde und des
Unglaubens. Gott weise Hochmut und Überheblichkeit
ab von der Türe deines Hauses und
öffne dein Herz für die Armen.

Dein Gebet, dein Ruhen und dein Wachen,
dein Denken und dein Handeln, dein
Reden und dein Schweigen sollen
Lobpreisungen des Erhabenen sein.
Und Friede sei in deinem Herzen mit allen
Menschen deines Volkes und mit allen
Völkern dieser Erde.
Und Gott, der alles besser weiß,
sei mit dir.

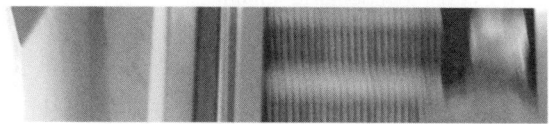

26

Für Buddhistinnen und Buddhisten

Mögest du frei bleiben
von der Versuchung der Sinne
und von der Verhärtung des Geistes.
Mögest du bereit sein
für die Mitte aller Dinge
und offen für die Geheimnisse,
die hinter allem liegen.

Mögest du den Weg finden,
der dir Einsicht verleiht,
dich zur Erkenntnis hinführt,
der dir den Frieden bringt,
der dich die Wahrheit lehrt
und dich erleuchtet.

Mögest du deinen Pfad gehen
in rechter Anschauung;
möge in dir immer die rechte Absicht
wohnen; möge daraus rechtes Reden
wie eine Blume erblühen und
rechtes Handeln demütig folgen;
mögest du so
zu einem rechten Lebensunterhalt
gelangen, und mögest du im rechten Bemühen,

in rechter Achtsamkeit in eine
rechte Begeisterung eingehen.

Mögen dir niedrige, unedle und unnütze
Gewohnheiten fernbleiben.
Möge dir der Weg gelingen,
der die Übel überwindet,
und das Erhabene dein Inneres beseelt.
Möge die Wahrheit deine
Begleiterin sein und dein Ziel.

Mögest du den reinen Zugang finden
in die Freiheit für das Große.
Möge dein Lernen nie enden,
dein Hören der Belehrung nie verschlossen sein
und deine Übung nie ermüden.
Möge dir das Schöne und das Gute und
das Wahre jederzeit zur Seite sein
und dich durch die Zeit
und durch die Welt begleiten.

27

Für Jüdinnen und Juden

Der Unaussprechliche gieße
reichen Segen aus über dich,
über alle Menschen,
die dir lieb
und teuer sind,
und über dein ganzes Volk.
Er zeige dir den Weg deines
Lebens und nähre dich in der
Wüste deiner Tage. Er schenke dir
den Frieden mit allen Menschen
und die Freude der Kinder
Abrahams.

Der Allweise senke die Botschaft
Seiner Worte tief in dein Herz
und wecke in dir
die Liebe zu Seinem Gesetz.
Er lehre dich die
Ehrfurcht vor allen Menschen und
vor der gesamten Schöpfung,
er offenbare dir die Herrlichkeit
des Lebens und wecke deinen Geist
und deine Sinne für die Lichtfülle
Seiner Gegenwart.

Der Ewige und Allmächtige
sei eine Leuchte auf deinen Wegen,
Licht in der Finsternis,
Stock und Stab sei dir Seine Rechte,
im Schatten Seiner Flügel sei dir
Schutz und Ruhe. Sein heiliger Engel
begleite und behüte dich, damit
dein Fuß sicher geht und an keinen
Stein stößt.

Der Gütige und Barmherzige
bewahre dich im wahren Glauben
und erfülle dein Herz mit dem Geist
der Versöhnung und der Vergebung.
Er bewahre dich davor, Böses zu tun und
zu erleiden. Am Tag sei Er deine Kraft
und in der Nacht deine Ruhe.
Sein liebender Blick ruhe auf dir
und schenke dir die Gewissheit,
dass du in Ihm geborgen und
zu Hause bist.

Sein Segen sei mit dir!

Für Atheistinnen und Atheisten

Dein Leben soll erfüllt sein von
dem Zauber der Wirklichkeit.
Es soll gelingen
und dich in ein tiefes Glück führen.
Dein Suchen und dein Fragen
sollen niemals müde werden
und deine Antworten seien
Schlüssel zu neuen Türen.

Am Rande deiner Wege
sollen Blumen blühen
und dich einladen zur
Freude. Sie sollen greifbar
sein für deine Sinne und
dich gastfreundlich bitten
einzuatmen.

Der Boden, der dich trägt,
sei fest und sicher und trage
deine Schritte durch die Zeit.
Deine Hände mögen
immer einen Halt finden
und einen Menschen,
der in Liebe zu dir steht.

Alles Gute, das du denkst,
sei mit dir. Jeder schöne Weg
der Welt soll sich dir
erschließen. Mögest du in
der Nacht ein gutes Zuhause
finden, in der Einsamkeit ein
gutes Wort, in der Sorge eine
liebe Hilfe, in der Ratlosigkeit
eine rettende Idee.

Und alles Wertvolle und Bedeutsame,
das Menschen denken und beweisen können,
und das sich irgendwann
dem Geist erschließt,
das heute noch verborgen ist
und doch voll Gültigkeit besteht,
das, was das Allerbeste ist,
soll bei dir sein und mit dir sein,
solange es dich gibt.

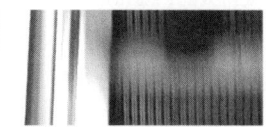

29

Für Esoterikerinnen und Esoteriker

Das volle Maß der guten Kräfte
durchströme deinen Geist und
deinen Körper und stärke den Kosmos
deiner einzigartigen Persönlichkeit.
Dein Leben sei umarmt von einer guten Aura,
gesund, geschützt und energiegeladen.

Es sei mit dir die Glut des
Feuers und bilde die Gefühle
deines Herzens. Sie schenke dir
die Wärme aus Zuneigung
und Menschlichkeit. Sie bewahre
dir die Begeisterung für alles
Schöne und sei ein helles Licht
auf deinem Weg.

Es sei mit dir die Ausdauer des
Wassers, das fließt und fließt und
immer in Bewegung ist, und die Geduld
des steten Tropfens, der auch,
den Stein zu höhlen, in der Lage ist.
Es sei mit dir die Frischkraft einer
klaren Quelle und auch der Weitblick
aller sieben Meere.

Es sei mit dir die Mutter Erde
mit dem Geheimnis ihrer Lebenskraft,
es sei mit dir ihr Halt und ihre
Einladung zum Wurzelschlagen,
zum Wachsen und zum Werden und zum Sein.
Es sei mit dir die Tiefe ihrer Seele,
es sei mit dir die Vielfalt ihrer Möglichkeiten,
es sei mit dir die Schönheit ihrer Farben,
es sei mit dir die Ahnung ihrer Wirklichkeit.

Es sei mit dir das Lebenselixier der Luft.
Weit sollen deine Lungen jene köstlich und
in vollen Zügen zu sich nehmen. Der Lebensgeist
soll dich durchfluten und dich mit Staunen und mit
Dank erfüllen. Es sei mit dir das Vollmaß
aller Elemente, geheimnisvoll, beglückend,
sternenweit. Es sei mit dir das Vollmaß aller guten
Kräfte und werde tief in dir zur Überfülle
deines Lebens auf der Suche nach der
großen Wahrheit.

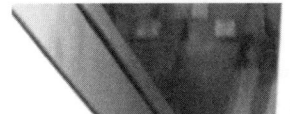

Für Menschen

Es sei gesegnet deine Größe,
in der du arm sein kannst vor Gott,
in der du klein sein kannst für Kleine,
in der du schwach sein kannst für Schwache,
in der du teilen kannst mit Armen,
in der das Himmelreich dir übergeben wird.

Es sei gesegnet deine Weite,
in der du Gott in allem traust,
in der du durchhältst in der Prüfung,
in der du aufstehst nach dem Fall,
in der du Licht suchst in der Nacht,
in der du Trost
und Gottes Liebe findest.

Es sei gesegnet deine Stärke,
in der du frei bist von Gewalt,
in der du deine Wut besiegst,
in der du deine Glut beherrschst,
in der du deinen Sturm beruhigst,
in der du Gottes Land gewinnst.

Es sei gesegnet deine Sehnsucht,
in der du hungerst nach dem Guten,

in der dich dürstet nach Gerechtem,
in der du ausschaust nach der Wahrheit,
in der du eintrittst für das Gute,
in der dich Gott mit Nahrung reich beschenkt.

Es sei gesegnet deine Reinheit,
in der du arglos in das Leben gehst,
in der dein Herz von Lüge frei ist,
in der du dich getrost im Spiegel sehen kannst,
in der du zu dir selber stehst,
in der du einmal Gott erkennen wirst.

Es sei gesegnet deine Kraft,
in der du Frieden stiften kannst,
in der du in Verfolgung aushältst,
in der du für Versöhnung eintrittst,
in der du Segen zu den Menschen trägst,
in der du Gottes Kind für immer bist.

31

Schöpfungssegen

Gott, du Ursprung aller Dinge,
breite Deine Hände aus
und sende Deinen reichen Segen
über Deine weite Schöpfung.

Segne alle Sterne,
alle Galaxien
im Universum,
segne die Kometen und Planeten
und die unfassbare Weite
aller Dimensionen:
Sende aus dem fernsten Winkel
Deinen Gruß
zur Erde nieder
und bewahre sie in Deiner Liebe.

Segne alle Tiere,
die Du wunderbar
in Deinem Schöpfergeist
erschaffen hast.
Lass sie Zeugnis geben,
von der großen Wahrheit,
die bis heute und für ewig
unberührt in ihnen lebt:

Sende durch ihr freies Leben
Deinen Gruß in alle Herzen
Und erfülle sie mit Deiner Liebe.

Segne alle Menschen, Herr,
Deine Töchter,
Deine Söhne,
Deine Kinder,
Deine Erben,
Abbilder,
die Du gewollt und
nach Deiner Art geschaffen hast.
Segne sie, damit sie Dich
und sich erkennen
und mit Dir zu einer großen Einheit finden,
zu dem Traum
von jenem neuen Himmel und der neuen Erde.

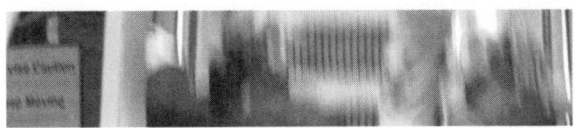

32

Lebenssegen

Es segne dich
der Vatergott,
der dich in diese Welt
gerufen hat,
der vor dir war und nach dir sein wird,
der dich mich einer Kraft erfüllt hat,
mit einem Geist,
mit einem Leben,
worauf die Menschen
nicht verzichten können.

Es segne dich
der Gottessohn,
der Freund und Bruder
aller Menschen ist,
der deine Unvollkommenheit
und dein Versagen
durch Staub und Hitze auf Sein
Kreuz geladen hat,
mit einer Ausdauer,
mit einer Liebe
und mit einem Leben,
das zur Hoffnung aller Menschen
liebevoll und unbesiegbar ist.

Es segne dich
der Schöpfergeist,
der siebenfältig in uns lebt,
mit Seinem Rat,
mit Seiner Wissenschaft,
mit der Erkenntnis
und mit der Vernunft,
mit Seiner Ehrfurcht
und mit Seinem Glauben
und mit Seiner Weisheit,
womit dein Leben
bis zum letzten Tag gelingen wird.

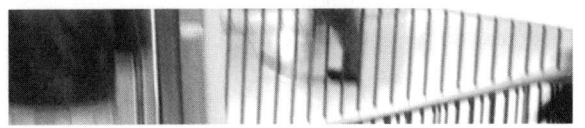

Für Suchende

Begib dich auf die Suche,
wenn dir etwas verloren
gegangen ist von Wert
und Lebensbedeutung,
aus Kinderzeit und unbeschwerten Tagen.
Gott segne dich dabei:
Wer sucht, wird finden!

Mach dich auf den Weg,
wenn dir ein Ziel vor
Augen schwebt aus
Traumwahrheit und Herzenssehnsucht,
aus Wunderzeit und lichterfüllten Stunden.
Gott sei mit dir: Wer sucht, wird finden!

Setz dich in Bewegung,
wenn dir ein Licht aufgeht
am Ende eines langen
Tunnels aus Hoffnung und
Vertrauen, aus Aufbruchzeit
und unbeschwerten Augenblicken.
Gott gehe mit dir: Wer sucht, der findet, und
wer anklopft, dem wird auch geöffnet!
(Mat 7, 8)

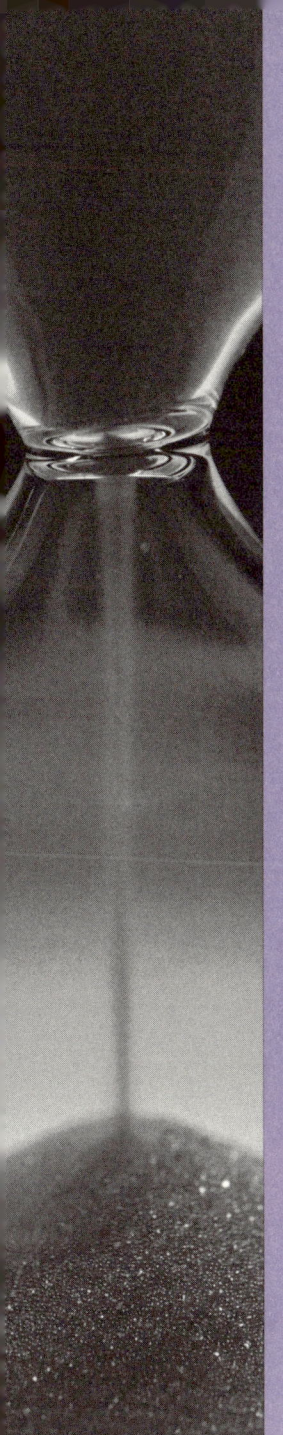

In der Zeit

„

Alles hat
seine Stunde.
Für jedes Geschehen
unter dem Himmel
gibt es eine
bestimmte Zeit.
(Kohelet 3,1)

34

Tagessegen

Der Herr
segne deinen Morgen.
Er behüte deine ersten Schritte
in den Tag hinein.
Er erhelle deine Augen
und offenbare dir die Schönheit
Seiner Schöpfung.
Er wecke deine Sinne,
damit du wach und aufmerksam
das Leben annimmst:
dankbar, liebevoll, behutsam

Der Herr
segne deinen Mittag.
Er erfülle deine Zeit
mit Seinem Geist.
Er lenke deine Schritte
und führe dich gerade Wege.
Er bewahre deine Zunge
vor Irrtum und vor Unfug.
Er lege einen guten Sinn
in deine Hände
und lehre deine Sprache
gute Worte.

Der Herr
segne deinen Nachmittag.
Er mache den Gedanken
Mut, zurückzublicken
und die Stunden zu betrachten,
die schnell vergangen sind
und nicht mehr wiederkehren.
Er schenke dir die Dankbarkeit
für die Talente,
die deine Taten und dein Denken
möglich machten.

Der Herr segne deinen Abend.
Es ist die letzte Zeit des Tages,
die dich in den Schlaf begleitet;
es ist die Zeit, die nach getaner Arbeit
die Ruhe bringt, die Zeit, die still wird
und den Groll, die Wut, den Kummer
in die Schranken weist.
So segne dich der Vater
und der Sohn
und der Heilige Geist.

Amen.

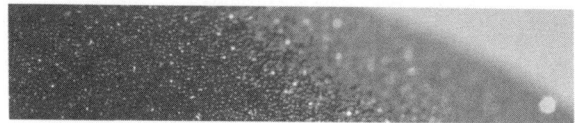

Morgensegen

Im Erdumdrehen ist es Morgen
geworden, guter Zeitvater.
Ich möchte mir die Taschen
vollstopfen mit Deinem Segen.
Das soll ein Tag werden,
der Deinen Segen in sich hat –
Ein guter Tag, ein segensguter Tag!

Ich möchte der Zeit die vielen
kleinen Zeiten abgewinnen,
die so vergehen, als wären sie
nie da gewesen:
die Zeit, die meine Kreditkarte
zum Abbuchen an irgendeiner jener
vielen Kassen im Automat verbringt und
mir Gedankenlosigkeiten lässt;
die Zeit, die sich davonschleicht,
wenn ich auf das Öffnen
eines Ordners im Computer warte,
und mich die Ungeduld befällt;
die Zeit, die mir jede Suppe versalzt,
weil ich schon viel zu lange auf
den Kellner warte, der mir nun einfach
nicht die Rechnung bringt;

die Zeit, in der ich tatenlos in einer
Menschenschlange stehe und
millimeterweise und gefühlte Ewigkeiten
vorwärtskomme.

Zeitvater, segne alle diese
wundervollen kleinen Zeiten
und lass sie Einzug halten
in die Logistik meiner Termine.

Ich möchte heute in meiner Zeit
anwesend sein und aufmerksam
miterleben, was um mich herum geschieht.
Ich möchte gut beteiligt sein und spät
am Abend sagen können, dass dieser Tag
es wirklich in sich hatte:
das Sehen, das Hören, das Sprechen,
das Lachen, das Gehen, das Ruhen,
das Staunen, das Achten,
das Kleine, das Große,
das Flüchtige, das Bleibende
und ganz zuerst und ganz zuletzt
die Fülle Deines Segens.

36

Abendsegen

Es war ein Menschentag,
heute.
Überall waren sie: in meinem
Haus, in meiner Zeit, in
allem, was ich heute
unternommen habe.
Die meisten waren mir
ganz unbekannt.
Mit manchen habe ich mich
unterhalten, mit manchen
etwas unternommen,
mit manchen einen
guten Blick getauscht.
Ich bete allen einen Segen
nach, denn Du, Herr, kennst
sie alle.

Es war ein Arbeitstag,
heute.
Von früh bis spät war
irgendetwas zu erledigen.
Das eine lief einfach so ab,
das andere war angefüllt
mit Anstrengung und Mühe,

und einiges war neu und
vieles kam und ging wie immer.
Ich bitte Dich, mein Herr,
lass jedes Werk gesegnet sein
und lass es durch den Hauch
des Geistes
für viele
selbst zum Segen werden.

Es war ein Lebenstag,
heute.
Es war ein Teil von meinem Leben.
Mit vielen Tausenden gehört
er notwendig zum Ganzen.
Du, Herr der Zeiten und der
Ewigkeit, hast ihn in meine
Hand gelegt.
Nun ist der Tag ein Abend
und die Nacht steht an.
Mit Dank für das Gewesene
vertraue ich Dir jetzt mein
Leben an und bitte Dich
um Deinen Segen für den Schlaf
und für das kommende Erwachen.

37

Morgensegen für Kinder

Auf
Tautropfenfüßen im Sonnenlichtkleid
betritt neuer Morgen nun
diese Zeit.
Aus ewigem Vorrat
hat Gott ihn gemacht,
den Großen und Kleinen
in Güte erdacht.

Noch
streckt sich ein Gähnen zurück in die Nacht,
da hat irgendwer schon
einmal gelacht,
und ein Vogel hat längst schon gesungen,
das Frühlied ist ihm
wohl gelungen.

Vom
Kirchturm verkündet der Engel des Herrn:
Ein Segen, euch allen,
aus nah und fern!
Ich bin der Weinstock, die Reben seid ihr.
Ich bleibe in euch,
bleibt immer in mir.

Zwei
Äugelein blinzeln vergnügt in den Tag
und warten gespannt, was jetzt
losgehen mag,
aber auf allen Plätzen und Wegen
liegt dir ein schützender
göttlicher Segen.

Der
Vater im Himmel soll dich reich beschenken
und dich mit allem
Guten bedenken.
Er zeige dir die Wunder aus Sternen
und lasse dich wachsen und
staunen und lernen.

38

Kinderabendsegen

Die Maus schlüpft in ihr Mauseloch,
der Hase kriecht in seinen Bau,
noch einen Schrei, dann schläft der Pfau,
nur Fledermäuse flattern noch.

Die Vögel fliegen in ihr Nest,
die Pferde stehen schon im Stall.
Es ruht die Welt und überall
schlafen die Blumen tief und fest.

Die Kuscheltiere haben sich
zum Schlafen alle zugedeckt.
Das Reh hat sich im Wald versteckt
und müde gähnt im Teich der Fisch.

Die Eisbärmutter legt sich schlafen,
das Eisbärbaby brummt im Traum.
Ist Zeit zur Ruhe, denkt der Baum.
Der Hirte wacht bei seinen Schafen.

Und über Stadt und über Land
und über Mensch und über Tier,
über die Welt und über dir
ruht Gottes gute Vaterhand.

Er weiß genau, wie es dir geht.
Er kennt die Mutter und den Vater.
Er kennt den Hofhund und den Kater.
Er weiß, wohin der Wind jetzt weht.

Sein Segen wacht nun über dich,
Er ist bei dir zu jeder Zeit.
Sein Engel steht für dich bereit,
und Er behütet dich und mich.

Gott segne dich, denn Er ist gut:
Gott Vater, Sohn und Heil´ger Geist.
Er hat dich lieb, weiß, wie du heißt
und hält dich fest in Seiner Hut.

39

Segen zum Namenstag

Schlag nach im Buch des Lebens.
Du wirst dort deinen Namen
finden.
Gott selber hat ihn dort
hineingeschrieben
und gleich daneben den,
den Er dir
zum
Patron gegeben hat.

Wirf einen Blick in Gottes Hand.
Dein Name ist dort eingetragen.
Gott, der dich in das Leben
rief,
kennt dich von Anfang an
und hat dich fest in
Seine Hand geschrieben
und gleich daneben auch
den Engel, den Er dir
jeden Tag zur Seite gibt.

Sieh nach in Gottes Herz.
Dein Name ist dort wie ein
Siegel aufgelegt.

Vor aller Zeit hat Gott dich
dort in Seiner Liebe
eingeschlossen und dich
umfangen für ein freies Leben
unter Seinem Segen.

So segne dich der große Gott,
der deinen Namen kennt,
und dem du wert und teuer bist,
der ohne dich die Welt nicht
denken will, weil du
aus Seinem Geist geboren bist.

Er segne dich und deinen Namen
und lasse deinem Namen einen
guten Klang zukommen
aus:
Segen,
Glück,
Gesundheit,
Freude
und der Überfülle alles Guten.

40

Segen zum Geburtstag

Schon bevor du geboren wurdest,
warst du Gott bekannt.
Es ist, als habe Er
das ganze Universum nach
dir abgesucht,
um dich zu finden,
als wäre Er durch alle Ewigkeiten
und durch alle Zeiten
in Seinem Schöpfergeist
zu dir hin unterwegs
gewesen.

Und billionenfach hat Er
die Möglichkeiten angedacht,
wer dem entsprechen könnte,
der dem Bild entsprach,
das Seinem Herzen
festgeschrieben innewohnte.
Aus dieser unvorstellbar
hohen Schöpfungsfülle
hat Seine Liebe schließlich
dich erwählt,
und du bist
Mensch geworden.

So bist du weit vor
deinem ersten Tag
gesegnet, und Gottes reicher
Segen soll dich weiterhin
begleiten, er soll dich leiten
und beschützen, durch alle
Jahre deines Lebens führen und ganz
besonders dich durch jenes tragen,
das heute und mit diesem Tag beginnt.

Herzlichen Glückwunsch
zum Geburtstag und
alles, alles Gute für das neue
Lebensjahr, das heißt:
Gott gieße Seinen Segen
aus auf deine Wege, auf deine Pläne und
auf deine Träume, auf deine Stunden
und auf alle Orte deines Lebens,
und lass es dir in Gottes Namen
gut gehen.

Zur Silbernen Hochzeit

Eingeladen durch die Güte Gottes
bitten wir die Geschenke Seiner
Gnade auf euch herab.
Wir beten für euch um die Gnade
der Dankbarkeit für fünfundzwanzig
Jahre gemeinsamen Lebens.
Wir beten für euch um die Dankbarkeit,
weil ihr gemeinsam gegangen seid
und zueinander gehalten habt,
weil ihr das Versprechen der Treue
und Liebe bewahrt habt und weil ihr
miteinander weitergeht.

Wir beten für euch um die
Dankbarkeit, weil Gott in diesen
Jahren bei euch war und euch die
Kraft gegeben hat, die Zeit und eure
Welt nach euren Plänen zu
gestalten.

Wir beten für euch um die Freude
aneinander, weil ihr euch habt und
weil die fünfundzwanzig Jahre euch
ein Grund zum Feiern sind.

Wir beten für euch um die Liebe
und die Treue, die ihr euch
versprochen habt und die euch
auch in naher und in weiter Zukunft
hell wie eine Blume blühen mag.

Wir beten für euch um ein Glück,
das auf dem Boden der Erfahrung,
die euch bis hierher geführt hat,
euren ganz persönlichen Stempel
trägt und alle Menschen mit bedenkt,
die euch in dieser Zeit ans Herz
gewachsen sind.

Wir beten für euch um einen
tiefen Frieden in eurer Mitte
und in eurer Welt. Wir beten für
euch um die Gegenwart Gottes in eurem
Haus, dass Seine Herrlichkeit
an jedem Tag bei euch ist.
Sein Segen bringe euch Gesundheit,
Licht und Freude und in allem, was ihr
unternehmt, ein glückliches
Gelingen.

Zur Goldenen Hochzeit

Fünfzig ist die Zahl der
Großzügigkeit Gottes,
dessen Liebe immer weiter
und dessen Güte immer tiefer ist,
als wir erhoffen.
Gott gibt immer mehr,
als wir von Ihm erbitten.
Darum segne Er euch
an dem Tag, an dem das
große Ja, das ihr euch
ausgesprochen habt, seit
fünfzig Jahren gilt.

Nach diesen Jahren wisst ihr,
was ein Wort bedeutet,
ihr wisst, was wortlos ausgesprochen
werden kann,
ihr kennt den Wert der Treue
und das Gewicht des
gültigen Vertrauens.
Gott segne euch nach diesen
Jahren und bleibe bei euch
in den Jahren, die noch
kommen.

Er gebe euch die Gesundheit
der Seele und des Leibes
und halte alles Gute in euch wach,
das euch hierher geführt hat.
Er schütze und behüte eure Lieben
und alle Menschen, die euch
wert und teuer sind.

Er schenke euch eine gesegnete
Zukunft, auf die ihr euch
gemeinsam freuen könnt,
und gebe euch die Kraft
aus Liebe, aus Verständnis und
Geduld, Friedfertigkeit, Humor
und allem, was euer Leben
lebenswert und liebenswert
macht.

43

Segen zum neuen Jahr

Herein, herein!
Ein neues Jahr ist angekommen.
Ich nehm' es gerne an
aus deiner Hand, mein Gott,
so, wie es ist,
denn es ist Deine Zeit,
die Du mir nun
in meine Stunden gibst.

Doch bitte, Herr,
leg Deinen ganzen
Segen auf das neue Jahr
und lebe es mit mir
gemeinsam:
In Deinem Namen
und an Deiner Hand,
im großen Schatten
Deiner guten Flügel
mach ich mich
ohne Sorgen auf den Weg.

Auf geht's!
Mit Dir will ich dem
neuen Jahr vertrauen.

Mit Sektgetöse
und mit Feuerwerk
soll es die ersten
Schritte wagen.
Ich gehe mit,
denn Du
bist
ja dabei.

Doch bitte, Herr,
behüte alle Menschen,
die mir nahe sind,
und halte sie
in sicherer
Geborgenheit.
Sei ihnen Halt und
Schutz.
Schenk ihnen
ein gesundes, frohes
Jahr in Glück und Segen.

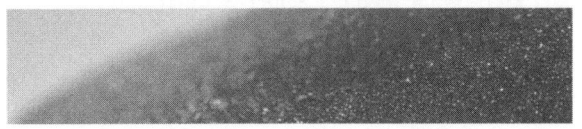

44

Segen für Sekundenbruchteile

In Sekundenbruchteilen
geschehen große Dinge:
Der Herr segne den Sekundenbruchteil,
der bei deiner Autofahrt
alles zum Guten lenkt.

In Sekundenbruchteilen
entscheidet sich Gewaltiges:
Der Herr segne den Sekundenbruchteil,
der dich in einer Überraschung
richtig handeln lässt.

In Sekundenbruchteilen
verändert sich das Leben:
Der Herr schenke dir Sekundenbruchteile,
die dir das Glück, die Liebe
und die Freude bringen.

In Sekundenbruchteilen
wird alles auf den Punkt gebracht.
Der Herr erfülle dich mit Seiner Wachsamkeit
und Seinem guten Geist
für alle Sekundenbruchteile
deines Lebens.

Mit Leib und Seele

"

Ja, Gott ist
meine Rettung;
ihm will ich vertrauen
und niemals verzagen.
(Jesaja 12,2)

45

Um ein gelungenes Leben

Vater des Lebens,
für die Zeit, die Du mir gibst,
bitte ich um Deinen Segen,
dass mein Leben gut gelingt.
Gut gelingt,
wenn ich ein Mensch bin,
der den Schwestern und den
Brüdern als ein wahrer Mensch
begegnet;
dass ich achtsam bin und wachsam,
dass ich rücksichtsvoll und
liebevoll, ehrlich und
wahrhaftig bin.

Bitte ich um Deinen Segen,
dass mein Leben gut gelingt.
Gut gelingt,
wenn Zeit und Alltag täglich
meinen Lauf berühren.
Dass ich staunen kann und
lernen, dass ich frei von Langeweile,
frei von Trübsinn bleibe,
dass mein Leben immer neu
Deine Wunder offenbart.

Bitte ich um Deinen Segen,
dass mein Leben gut gelingt.
Gut gelingt,
dass es mit mir weitergeht,
dass ich sehe und erkenne,
dass ich höre und begreife,
dass ich immer besser werde
in der Tiefe meines Herzens
und in Dir mein Ziel erkenne.

Bitte ich um Deinen Segen,
dass mein Leben gut gelingt.
Gut gelingt,
dass ich unter Deinem Lächeln,
unter Deinen guten Händen
sicher und geborgen bin,
dass der Bund des neuen Lebens,
den Du zuverlässig hältst,
mir das Band nach Hause wird.

46

Segen zum Abnehmen

Herr, ich brauche Deine Kraft
und Deine Unterstützung.
Du hast vierzig Tage lang
gefastet und hast jeder
Versuchung widerstanden.
Ich aber, Herr, kämpfe gegen
die Gewichtseinheiten, die auf
meiner Waage eine bestimmte
Marke überschreiten und mich
bei der Wahl von Konfektionsgrößen
sehr eindeutig daran erinnern.

Herr, ich möchte abnehmen
und mich mit einem spürbar
reduzierten Körpergewicht
einfach wohler fühlen.
Gib mir dazu Deinen Segen.
Hilf mir bitte,
auf die so verführerischen und
doch gänzlich überflüssigen
Kalorien zu verzichten,
die die Pause und den Abend
so gemütlich machen und
im Überfluss vorhanden sind.

Hilf mir, meinen Hunger an die
Leine zu legen, und befreie mich bitte
von dem unersättlichen Diktat
meines Bauches. Lass ihn,
wenn auch knurrend, begreifen,
dass wir – er und ich – auch
mit weitaus weniger Nahrung
überleben können.

Herr, bewahre mich davor,
zu schnell und unbedacht zu handeln.
Lass mich gesund und überlegt
mit fachlicher Beratung Schritt für Schritt
dem Ziel entgegengehen.
Bewahre mich vor nutzlosen Tabletten,
vor falschen Diäten und vor Jo-Jo-Effekten.
Erfülle mich mit einer neuen Lebensfreude,
weil ich mit Dir stark bin und mein Leben
so verändern kann, dass es langsam, aber sicher
und von jedem Schaden frei
zu dem Ergebnis findet,
welches ich ersehne.

47

Entscheidungssegen

Mein Gott,
gerne möchte ich nun rücklings
auf Dich zugehen und mich
bedingungslos in Deine Arme fallen
lassen. Ich möchte dort, bei Dir,
geborgen sein und keine Fehler
machen können. Ich möchte mich
anlehnen bei Dir und hoffnungsvoll
nach vorne blicken.

Mein Gott, Du Weltenlenker,
lass mich ein wenig stärker Deine
Nähe fühlen als sonst und hauche
Deinen Geist in mich hinein.
Du Welterschaffer, gib mir
von Deiner Weisheit und von
Deiner Übersicht der Dinge,
damit ich die Entscheidung,
die nun vor mir liegt,
gewissenhaft und richtig treffe.

Mein Gott,
allwissend und allgegenwärtig,
Du kennst die Wege, die ich gehe,

Du kennst die Ziele, die ich in mir trage.
Du kennst die Schwächen und die Stärken
meines Lebens. Du weißt, was richtig
und was falsch ist. Ich aber wanke
zwischen Ja und Nein und bin nicht
sicher, was das Beste ist.

Mein Gott, mein Vater,
darum bitte ich um Deinen Segen
und weiß, dass Du mich hörst und
siehst, verstehst und liebst.
Ich möchte die Entscheidung,
die nun notwendig geworden ist,
in Deinem Namen treffen,
an Deiner Botschaft messen und
von Dir gesegnet wissen.

48

Sitzungssegen

Im Namen des Vaters
und des Sohnes
und des Heiligen Geistes.

Möge Gott die Mitte unserer
Gemeinschaft sein, und möge Er
den Segen Seiner Liebe und
Seiner Weisheit über diese
Sitzung legen.

Er segne die Tagesordnung
unserer Versammlung und
gebe, dass wir nichts und
niemanden übersehen haben.
Er segne auch den Punkt,
der unter „Sonstiges" am
Ende steht, damit das Treffen
nicht ins Uferlose geht
und alle in der Zeit nach
Hause kommen.

Er segne unsere Wertschätzung
füreinander und bewahre uns
vor Unaufmerksamkeiten und

vor Unsachlichkeit.
Er gebe uns Worte, die verständlich
sind, und schenke uns die Gabe,
ohne Provokation und Ärger
miteinander zu verhandeln.

Er gebe, dass jeder hier genügend
Zeit bekommt, sein Anliegen zu
formulieren, und dabei mit der
ungeteilten Aufmerksamkeit der Runde
rechnen darf.
Er gebe auch, dass jeder Wortbeitrag
sich selber eine Zeitbegrenzung setzt und so
die Meinungsvielfalt Raum und
Möglichkeit erhält.

Er gebe dieser Sitzung einen
glücklichen und friedlichen Verlauf,
dass alle diesen Raum verlassen
in dem Bewusstsein, respektiert
und integriert zu sein.

49

Brautsegen

Allmächtiger Gott,
segne dieses Brautpaar.
Du kennst ihre Herzen
bis auf den Grund.
Beschütze ihre Liebe;
bewahre ihre Treue;
erhalte ihre Freude;
und lass sie
unter dem Schutz
Deiner Hände
immer geborgen sein.

Segne dieses Paar.
Du kennst ihre Träume
und ihre Pläne:
Führe sie zu einem
guten Gelingen.
und erfülle sie
nach Deiner Güte.
Beschenke sie
mit Deinen Wundern,
und sei der treue Weggefährte
ihrer Zeit und ihres
ganzen Lebens.

Segne diese Brautleute.
Du kennst ihre Stärken
und ihre Talente.
Zeige ihnen gute Türen
und sichere Wege.
Schenke ihnen Gesundheit
an Leib und Seele.
Führe sie durch
das Abenteuer ihrer Möglichkeiten
und halte sie in Deinem Licht,
in Deiner Güte
und in Deinem Herzen.

Und euch alle
segne der Dreifaltige Gott:
Der Vater und
der Sohn und
der Heilige Geist.

50

Herr,
ebne allen Liebenden die Wege
und segne ihre Zweisamkeit.
Beschütze sie,
wenn sie um sich herum
die Welt vergessen,
und sende alle Heerscharen
des Himmels aus,
um sie so sicher
zu behüten
wie Deinen Augenstern.

Lass ihre Blicke
Liebesboten werden,
die eingetaucht in einem
erdenfremden Glanz,
die Worte weiterflüstern,
die noch keine Sprache kennt.
Lass Sterne hell erstrahlen
und ihre Augen
Welten offenbaren,
die kein Gedanke je
berührt und noch kein
Fuß betreten hat.

Breite unendlich
über ihnen Deinen Segen aus
und lass sie Dir
in Zärtlichkeit
am Herzen liegen,
damit sie aus der
Überfülle schöpfen dürfen,
die Deiner Liebe eigen ist.

Lass Deinen liebsten
Engel ihnen leise
Deine Botschaft überbringen,
von einem Weg,
der Hand in Hand
und immer weiter geht,
der nie ermüdet,
der sich täglich weiter
einem Weitergehn erschließt,
der nur das eine Ziel
kennt,
immer tiefer zu begreifen,
was es heißt:
Ich liebe dich!

51

Bei einer Prüfung

Ein Licht sei dir
persönlich
aufgestellt,
ein Segenslicht.
Es trage für dich
ein Gebet vor
Gott,
der dich behüte und
beschütze,
bis die Prüfung
wohlbestanden ist.

Er gebe dir den
wachen Geist,
wenn deine Kräfte
müde werden;
Er wecke
Seinen Geist in dir,
und lass' dich
zuversichtlich
weitersuchen,
weiterfinden,
weiterdenken,
weiterschreiben.

Er gebe dir die Gunst,
im Staunen still zu werden
und wahrzunehmen,
was in dir
noch verborgen liegt
und darauf wartet,
frei gedacht und
aufgesagt zu werden.
Gott segne dich in
deiner Prüfung und
sei der liebevolle
Weggefährte deines
ganzen Lebens.

Mutsegen

Gott ist bei dir:
stärker als die Ereignisse der Zeit,
größer als die Mächtigen der Erde,
weiter als die Grenzen dieser Welt,
mächtiger als die Herrscher aller Länder.
Gott ist bei dir.

Gott ist mit dir:
sicherer als alle Sicherheiten,
reicher als alle Reichtümer,
ewiger als alle Zeiten,
gewaltiger als alle Kräfte.
Gott ist mit dir.

Gott ist in dir:
Tröster in jeder Angst.
Tiefer als jede Angst.
Beschützer in jeder Bedrohung.
Ratgeber in jedem Irrtum.
Mutmacher in jedem Versagen.
Gott ist in dir.

Gott ist vor dir:
Zuflucht in jeder Gefahr,

Befreiung in jeder Enge.
Halt in jeder Bedrohung.
Anwalt in jedem Gefängnis,
Gott ist vor dir.

Gott ist hinter dir:
zuverlässig in jeder Verwirrung,
vertrauenswürdig in jeder Unsicherheit,
belastbar wie eine Brücke,
beschützend wie eine Rüstung.
Gott ist hinter dir.

Er ist der eine Gott,
der Seine Hände über dir hält und dessen Liebe
dich trägt, der dich beschützt im Leben und im Tod
und dich am dritten Tag zum Ostermorgen auferweckt:
Der Vater und der Sohn und der Heilige Geist.

Amen.

Zum Start

Der Segen Gottes sei mit dir.
Und wenn du durch den Regen
deines Lebens gehst,
sei Er dir wie ein Schirm und wie ein gutes Dach.

Der Segen Gottes sei mit dir.
Und wenn es Winter wird
mit Eis und Kälte bis in Herzenstiefe,
sei Er dir Wärme und Geborgenheit.

Der Segen Gottes sei mit dir.
Und wenn dein Weg an einen Abgrund führt
bis in die Tiefe der Verlorenheit,
sei Er dir Halt und neue Zuversicht.

Der Segen Gottes sei mit dir.
Und wenn die Fragen deinen Kopf verwirren
mit Wenn und Aber und mit Ja und Nein,
sei Er dir Wegweiser und Ruheplatz.

Der Segen Gottes sei mit dir.
Und wenn du nicht mehr weiterweißt,
wohin und wann und, ob sich alles lohnt,
sei Er dir nahe wie ein guter Freund.

Der Segen Gottes sei mit dir.
Und wenn das Glück des Lebens deine Sinne trübt
mit Stolz und Überheblichkeit,
sei Er dir wie ein fester Boden unter deinen Füßen.

Der Segen Gottes sei mit dir.
Und wenn du in Versuchung kommst,
die deine Treue, deine Ehrlichkeit erprobt,
sei Er dir Kraft und Ausdauer im Guten.

Der Segen Gottes sei mit dir,
damit du glücklich wirst
und heil an Leib und Seele.

Amen.

54

Für Schulanfänger

Reicher Segen komme auf euch
herab und begleite euch durch
alle Tage eures Lebens.
Gott schenke euch
die Freude am Lernen,
die Hilfe von Freunden,
den Beistand der Lehrer
und
die Liebe der Eltern.

Reicher Segen komme auf euch
herab und sei bei euch
jederzeit und überall.
Gott bewahre euch
das fröhliche Lachen,
das glückliche Spielen,
die wachsamen Sinne
und
ein erfolgreiches Lernen.

Reicher Segen komme auf euch
herab und beschütze euch
an diesem und an jedem nächsten Tag.
Gott behüte euch

auf eurem Schulweg,
auf dem Weg nach Hause,
auf dem Weg zu euren Freunden
und
durch euer ganzes Leben.

Reicher Segen komme auf euch
herab und sei in euch wie
eine gute Kraft.
Gott gebe euch
die Kraft zum Wachsen,
die Kraft zur Kameradschaft,
die Kraft zum Neubeginn
und die Kraft
zu einem Leben
voller Freude,
Licht und Sonne.

55

Aaronitischer Segen

Segen aus dem Alten Testament

Der Herr
sprach zu Mose:
Sag zu Aaron und seinen Söhnen:
So sollt ihr die Israeliten
segnen;
sprecht zu ihnen:
Der Herr segne dich
und behüte dich.
Der Herr lasse sein
Angesicht
über dich leuchten
und sei dir gnädig.
Der Herr
wende Sein Angesicht dir zu
und schenke dir Heil.
So sollen sie Meinen
Namen
auf die Israeliten legen
und
Ich werde sie segnen.
(Num 6, 23-27)

Himmel
und Erde

,,

Eure Liebe
sei ohne Heuchelei.
Verabscheut das Böse,
haltet fest am Guten!
(Römer 12,9)

Für Ehrenamtliche

Du bist ein Zeitgeber und blickst nicht
auf die Uhr in deinem Einsatz.
Du hast das Wirken für die gute Sache
zur Ehrensache gemacht und aus
der Aufgabe ein Ehrenamt.
Du achtest nicht auf die Minuten
und rechnest nicht mit dem Gewinn,
du fragst nicht,
was für dich herauskommt,
und stellst dich ohne Kosten
zur Verfügung.

Gott, der die Nächstenliebe in
dein Herz gegeben hat, belohne
dich und segne alle Tage deines
Lebens.

Du bist ein Kraftverschenker und
bist ohne Vertrag, doch höchst
verbindlich treu zur Stelle.
Du setzt dein Können ein um
Gotteslohn und leistest gute Arbeit
ohne Forderung.
Du achtest nicht

auf deinen Vorteil und
sprengst die Grenzen
von Engherzigkeit und Kleinmut.

Gott, der die Menschenfreundlichkeit
dir mitgegeben hat, belohne dich und
gebe einen starken Schutz
und eine große Freude in dein Leben.

Du bist ein Hoffnungsträger und
zeigst in einer ganz normalen Zeit,
dass über die Normalität hinaus
ganz Ungewöhnliches noch
möglich ist. Du hast den Mut,
gegen den Strom zu schwimmen
und selbstlos da zu sein, wenn du
den Schritt für richtig hältst.

Gott, der ein weites Denken in dich
eingegeben hat, belohne dich und
führe alles, was du unternimmst,
zu einem glücklichen Gelingen,
dich selber halte Er behutsam
wie ein guter Vater an der Hand.

Für Firmlinge

Sei gesegnet mit den Gaben des Heiligen Geistes.
Er schenke dir die Weisheit.
Sie bewahrt dir die Ruhe, die Gelassenheit.
Sie mäßigt deine Worte und zügelt die Gedanken.
Sie öffnet dein Herz und führt dich in die Weite.

Er schenke dir die Einsicht.
Sie nimmt die Angst und macht dich frei von Neid.
Sie zeigt dir Wege in die Wahrheit.
Sie öffnet deine Sinne und führt dich in das Leben.

Er schenke dir den guten Rat.
Er gibt dir Sicherheit und Halt.
Er kräftigt deine Augen, deine Ohren.
Er öffnet neue Tore und führt zu deinen Zielen.

Er schenke dir die Stärke.
Sie gibt dir Mut und Selbstvertrauen.
Sie spricht mit dir das rechte Wort zur rechten Zeit.
Sie öffnet deinen Geist und führt dich durch die Stürme.

Er schenke dir Erkenntnis.
Sie zeigt dir den Zusammenhang.
Sie bringt dir Liebe und Vertrauen.

Sie öffnet deine Mauern
und führt dich hinter die Fassaden.

Er schenke dir die Gottesfurcht.
Sie macht dich frei zur Hoffnung und zum Glauben.
Sie lässt dich Seine Größe ahnen.
Sie öffnet deinen Mund zum Zeugnis Seiner Botschaft.

Er schenke dir die Frömmigkeit.
Sie bringt dir eine neue Sprache.
Sie lässt dich Gottes Nähe spüren.
Sie öffnet deine Mitte und schenkt dir Grund zur Freude.
Sei gesegnet mit den Gaben des Heiligen Geistes.

Amen.

58

Für Konfirmanden

Heiliger Geist,
segne meinen Weg durch dieses Leben.
Zeige mir den Gang der Achtsamkeit:
Dass ich meine Vorräte
an Wohlstand,
Zeit und Kraft
und Glück und Liebe
mit den Schwestern und den Brüdern teile,
die in Hunger, Durst und Armut leben.

Segne meinen Weg durch dieses Leben.
Zeige mir den Gang der Menschlichkeit:
Dass ich meine Herzensräume
denen öffne,
die mir fremd und ohne Heimat sind,
die in meiner Stadt in Gossen wohnen,
die gefangen sind in Rausch und Sucht,
die vereinsamt, krank und hilflos sind.

Segne meinen Weg durch dieses Leben.
Zeige mir den Gang der Nächstenliebe:
Dass ich denen Wärme schenke,
deren schweres Herz erfriert;
dass ich denen Hoffnung bringe,

deren Sorgen drückend sind;
dass ich denen Freude bringe,
die das Lachen längst verloren haben.

Heiliger Geist,
segne meinen Weg durch dieses Leben.
Zeige mir den Gang der Dankbarkeit.
Schenke mir das Wort des Friedens.
Gib mir Stärke zur Versöhnung.
Gib mir Kräfte zur Vergebung.
Lass in mir das Gute wachsen
und erhalte mir ein freies, weites Herz.

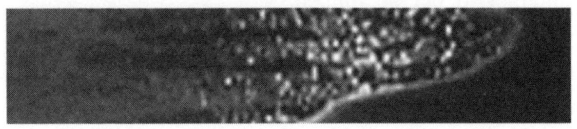

59

Für Kommunionkinder

Jesus gibt dir heute
Seine Hand
und zeigt dir,
dass Er immer bei dir bleiben will.
Er legt sich still
in deine Hand
und schließt mit dir
die Freundschaft für
ein ganzes Leben.

Das Brot ist für die
Menschen eine
Speise.
Für dich und alle Menschen
wandelt Jesus dieses Brot
und kommt so ganz
zu dir.

Weil Er dich lieb hat,
will Er immer bei dir sein
und möchte bei dir wohnen
dürfen:
in deinem Herzen
und in deinem ganzen Leben.

So segne dich der gute Freund
und Bruder aller Menschen,
Er gebe deiner Seele diese gute Nahrung,
damit sie keinen Hunger leidet
nach Güte, Schutz und Halt und Liebe.
Er gehe treu an deiner Seite
und gebe dir die Kraft, dein
Leben und dich selbst wie Er zu wandeln.

Damit das Dunkle hell,
das Schwere leicht
und alle Tage gut und glücklich
werden.
Er hüte dich so sicher
wie der Gute Hirte
und halte wie der Adler
schützend seine großen Flügel
über deinem Weg.
Er stärke dich im Glauben,
und Er erfülle dich mit
Seiner großen Freude.

60

Für Pfadfinderinnen und Pfadfinder

Sei bereit
für ein Leben in Wahrheit
mit dem Blick für die Wunder,
die der große Gott dir täglich
zeigt und anvertraut; für das
Überwältigende, welches
jederzeit und überall
auf deine Antwort wartet.

Sei bereit
für ein Leben in Hoffnung
über den Augenblick hinaus.
Verlass dich auf deine Sinne
und trau der Sprache deines Herzens.
Hab den Mut, den
Spuren deines Meisters nachzugehen,
und zögere nicht,
Tag um Tag Seinem Beispiel zu folgen.

Sei bereit
für ein Leben in Freiheit,
frei für die Schönheit eines gelungenen Lebens,
frei für die Weite großer Gedanken,
frei für die Liebe zu den Menschen,

frei für einen neuen Himmel und
für eine neue Erde,
frei für das Gute in dir und in allem
Gotterdachten.

Sei bereit
für ein Leben in tätiger Solidarität.
Erkenne die Schwester und den Bruder
in jedem Gesicht und schenke ihnen
die Nähe deiner Nächstenliebe.
Sei stark und achtsam
und lege selber gute Spuren in den
Boden dieser Erde.
Gott gehe jeden Weg mit dir
und gebe dir die guten Gaben
Seines Segens:
Der Vater und
der Sohn und
der Heilige Geist.

Amen.

61

Für Taufkinder

N.N.,
wenn du schläfst, sei Gott an deiner Seite
und schenke dir die Geborgenheit, die du brauchst,
um in aller Ruhe groß zu werden.
Wenn du trinkst, sei Gott bei dir,
und zeige dir die Liebe Seiner Obhut,
damit du für ein glückliches Leben stark wirst.

Wenn du weinst, sei Gottes Geist in dir
und tröste dich mit aller Kraft Seiner Gegenwart,
damit du sicher bist,
dass jeder Tag und jeder Ort deines Lebens
gesegnet ist.
Wenn du lächelst, sei Gottes Freude
herztief in dich eingepflanzt,
damit du fröhlich in dein Leben gehst und fühlst,
dass Er und deine Menschen dich erwartet haben.

Gott segne deine ersten Laute und alle Worte,
die dein Mund noch sagen wird,
damit die Sprache eine Brücke wird zu Ihm
und zu den Menschen.
Gott segne deine ersten Gehversuche
und alle Schritte deiner Zukunft,

damit du einer guten Zeit entgegengehst
mit einem weiten Herzen
und mit einem starken Rückgrad.

N.N.,
wenn du spielst, sei Gottes Güte zur Stelle
und lehre dich im Spiel das Leben,
damit du immer tiefer zu dir findest
und immer mehr erahnst,
wie groß das Leben und sein Schöpfer ist.
Gott segne dich, du Gotteswunder,
und bahne deinen Weg durch diese Welt und diese Zeit.
In allem soll wie eine warme Sonne
Sein freundliches Gesicht vor deinen Augen sein.

Er sei der Hirte deiner Augen, deiner Ohren, deiner Sinne
und halte dich mit sanftem Griff an Seiner guten Hand.
Sein Gnadenreichtum sei dir grenzenlos gegeben
als Lebensgabe und in Überfülle.
Das alles und was immer deinem Leben dient,
gewähre dir der gute Gott:
Der Vater
und der Sohn
und der Heilige Geist.

Für Messdienerinnen und Messdiener

Gott erfülle dich mit Seiner Hoffnung
und lenke deine Schritte am Altar und
durch dein Leben.
Er gebe dir die Freiheit zu
einem immer neuen Anfang,
den Mut zum Frieden und zur
Versöhnung und das Vertrauen,
umzukehren aus Sackgassen
und nach Seinen Wegen Ausschau zu halten.

Gott erfülle dich mit Seiner Freude
und erhalte dir den wachen
Glauben an die Geheimnisse
des Altares.
Sein Geist öffne dir
das Tor zur Schrift,
damit du die Frohe Botschaft
Seiner Offenbarung aufnimmst
in deinem Denken und in deinem
Handeln.

Gott lade dich behutsam ein
zur Einsicht in die Wandlung,
wo Brot und Wein zur

Wirklichkeit der Nähe Seiner Liebe werden,
wo du persönlich eingeladen
bist, am großen Festmahl
teilzunehmen und selber
neu wirst durch die Freundschaft
deines Bruders Jesus Christus.

Gott behüte und beschütze dich
dein Leben lang,
er halte dich in Seiner liebevollen
Obhut und sende Seinen starken
Engel zum Geleit auf allen
Wegen. Er bringe dein Gesicht
zum Leuchten, damit du selbst
Sein Lächeln zu den Menschen trägst
zum Zeugnis Seiner Liebe
zu den Völkern, weltumspannend.

Für Eltern

Um uns Menschen zu erklären,
wie Du zu uns stehst,
hast Du uns das Bild der Eltern offenbart.
Der Messias aller Völker
wurde Mensch und trägt
den Titel Gottessohn.
Jeder Mensch auf dieser Erde
ist Dein Kind.
Die Elternschaft war Dir
gerade gut genug,
um Deine Nähe zu den
Töchtern, zu den Söhnen
zu beschreiben.

Darum bedenke alle Eltern
dieser Welt mit Deinem
Vatersegen und wecke
in ihnen den Geist des Göttlichen.
Beheimate in ihnen das
Lebenselixier der Schöpfung
in Deiner Treue und in Deiner Liebe.

Du hast ihnen gegeben,
Nächte ohne Schlaf bei ihren

Kindern wach zu sein.
Du gabst ihnen die elterliche
Achtsamkeit, um jede Regung
ihrer Kinder zu verstehen.
Du hast dem elterlichen Segen
Deine Kraft und Gültigkeit gegeben.

Gib allen Eltern Deinen Segen
und bewahre sie vor allem Bösen.
Lass sie gesund und froh mit
ihren Kindern leben und schenke
ihnen Deinen Schutz zu jeder Zeit.
Gib ihnen Zeit für ihre Kinder.
Gib ihnen Worte voller Güte
und voll Frieden.
Lass sie im Herzen jung und
offen bleiben und schenke ihnen
die Ausdauer, lange Wege mit ihren
Töchtern, ihren Söhnen
zu gehen.
Erhalte das Strahlen in ihren Augen
und den Stolz in ihrem Inneren,
wenn sie an ihre Kinder denken
und sie liebevoll in ihre Arme schließen.

64

Für Katechetinnen und Katecheten

Der Segen des Vaters und des Sohnes
und des Heiligen Geistes
komme auf dich herab
und begleite dich auf dem
gemeinsamen Weg mit den
Menschen, denen du den
Glauben weitersagst und denen
du das Zeugnis deines Lebens gibst.

Der Dreifaltige Gott erfülle
deine Sprache mit dem Leben,
das ansteckt und ermutigt,
das es wert ist, gelebt zu
werden, weil Gott selber hinter
allem steht und weil Er will,
dass das Leben jedes einzelnen
Menschen gelingt.

Der gütige Gott gebe dir die
Kraft, für das, was du sagst,
einzustehen und so den Mut
zu wecken, Wege des Glaubens
zu wagen und die Richtung
der Frohen Botschaft aufzunehmen.

Der barmherzige Gott schenke
dir die Achtsamkeit, Menschen
zu entdecken und zu fördern,
Widerstände auszuhalten
und Fragen ernst zu nehmen.
Er mache dich zum Boten
Seiner Wahrheit und zum
Verkünder Seiner Liebe.

Der allwissende Gott gebe dir das
richtige Wort zur richtigen Zeit,
Er stärke und erneuere deinen
Glauben und segne dich für
das Geschenk deiner Zeit und
deiner Kraft und deiner Mühe.
Heute und an allen Tagen
deines Lebens.

65

Für Schülerinnen und Schüler

Du bist ein Wunder!
Gott erdacht und Gott gewollt und Gott geliebt!
Er gehe mit dir auf den Abenteuerwegen deines Lebens
und lehre dich die Kräfte und die Künste
deiner Einzigartigkeit.
Du bist einmalig, unverwechselbar und unaustauschbar:
ein Edelbaustein dieser Welt.

Gott gebe dir die Freude am Gelingen deiner Träume
und schenke dir den hoffnungsvollen Blick
in eine große Wirklichkeit.
Du bist von Gott erfunden und bewusst in
diese Zeit gerufen. Er schenke dir das Staunen
über alles, was du kannst,
und mache dich zum mutigen Entdecker deiner Stärke.

Du bist ein Abbild Gottes:
nach Seiner Art gebildet und geformt.
Er gebe dir die Fantasie, um alles Schöne zu erahnen
und selbst dem Unvorstellbaren nachzujagen.
Du bist ein Weltgeheimnis:
unerforscht und frei für neue Wege.
Gott gebe dir die schönen Gedanken Seines Geistes
und Seine Urkraft zur Bewegung.

Du bist ein Freund der Engel:
Sie sind von Gott zu dir gesandt,
um dich mit Engelstärke
und mit Engelsgeduld zu begleiten.
Gott gebe dir die Sicherheit, im Erfolg
die Bodenhaftung zu bewahren und
in der Niederlage selbstbewusst vom Boden aufzustehen.

Du bist ein Lebewesen, ein Teil der Schöpfung
mit einem Lebenslabyrinth vor dir.
Gott zeige dir den Weg durch deine Zeiten
und führe dich zu deinem Ziel
aus Glück und Wahrheit.
Du bist ein Mensch: berufen, diese Erde zu gestalten.
Gott nähre deinen Geist mit der Erkenntnis,
mit Wissen und Verstand und Freude,
damit dir diese Welt und alles heilig ist,
du selber auch und jede Stunde deines Lebens.

Du bist Du!
Gott segne dich an jedem Tag und leuchte dir
Auf deinem Weg, damit du
tief in dir das Wissen trägst,
dass Gott dein Leben liebt und jederzeit behütet.

Für Patinnen und Paten

Gott gebe dir ein festes und bewusstes „Ja",
wenn du das Patenamt für
einen Menschen übernimmst.

Er gebe dir die Tiefe deines Glaubens,
den du aus Überzeugung
leben, teilen, weitersagen kannst.

Er gebe dir die Muße und die Zeit,
um immer wieder da zu sein,
als Haltepunkt im Strom der Zeit
und Fundament im Gang des Lebens.

Er gebe dir im rechten Augenblick
das Wort, das angebracht und
sinnvoll ist und weiterhilft
in Zuverlässigkeit und Gültigkeit.

Er segne dich mit einem reichen
Vorrat an Geschichten, an Spielen
und an Liedern für den Tag und
für die Nacht.
Er segne dich und gebe deinem Patenamt
ein glückliches Gelingen.

Unter den Augen Gottes

,,

Wie mich der Vater
geliebt hat,
so habe auch ich
euch geliebt.
Bleibt in meiner Liebe!

(Johannes 15,9)

67

Für Autofahrerinnen und Autofahrer

Sei vorsichtig
und fahre nicht zu schnell!
Die Straßen sollen frei sein
und die Ampeln alle grün.
Das Wetter sende dir
die besten Grüße und die
Sonne möge dich nicht blenden.
Und Gottes Engel bleibe
stets an deiner Seite.

Sei vorsichtig
und komme gut ans Ziel.
Kein Regen soll die Sicht erschweren,
kein Frost die Straße haltlos machen.
Im Wagen neben dir
sollen nur freundliche Menschen sitzen
und dich mit einem Lächeln
in die nächste Lücke winken.

Sei vorsichtig
und wage nicht zu viel.
Die nächste Tankstelle sei bald in Sicht
und für die Pause bald ein guter Platz.
Das Lenkrad ruhe sicher in deinen Händen

und das Profil der Reifen
greife zuverlässig in
den Halt der Straße.

Sei vorsichtig
und bleibe ohne Zorn.
Der Navigator zeige dir den besten Weg
und jede Vorfahrt.
Dein Fuß finde für jedes Pedal
das rechte Maß und deine
Hupe melde sich nur unvermeidlich.
Gott gebe dir Gelassenheit, Humor
und bringe dich gesund nach Hause.

68

Autosegen

Gott segne dieses Auto
und beschütze alle,
die es lenken und die
mit ihm fahren.

Gott gebe, dass
die Reifen immer
einen sicheren Griff haben
und dass die Bremsen immer
zuverlässig ihren Dienst erfüllen.

Gott gebe, dass
der Motor über viele
Kilometer hält und anspringt,
wenn es losgeht,
dass kein Öl verloren geht
und nicht zuviel Benzin benötigt wird.

Gott gebe, dass die Schrauben
alle festgezogen sind, dass alle
Dichtungen in Ordnung sind,
dass mit der Lenkung alles stimmt
und dass der Blinker funktioniert,
der Scheibenwischer und das Licht.

Gott gebe, dass der Wagen
seine Spur hält und rundum
zuverlässig konstruiert ist,
dass alles, was ihn sicher macht,
vorhanden ist, und dass
jeder Schaden von ihm
ferngehalten wird.

Gott gebe, dass das Auto
in einer guten Werkstatt
regelmäßig inspiziert wird,
und dass sein Eigentümer
und sein Lenker in
diesem Auto immer sicher
durch die Straßen fährt
und jedes Mal gesund sein Ziel
erreicht.

Reisesegen

Gott, der die Wege dieser Erde kennt,
der die Winde in die Bahn gebracht
und den Sternen ihren Lauf gezeigt hat,
Er segne deine Fahrt und
bleibe immer treu an deiner Seite.

Gott, der den Zug der Vögel kennt,
der die wilden Tiere zur Wasserstelle führt
und für die Meere die Gezeiten festlegt,
Er segne deine Straße und
führe dich gesund ans Ziel.

Gott, der die Erde um die Sonne dreht,
der den Flug des Adlers durch die Lüfte weist,
der auch der Fledermaus die Richtung zeigt,
Er segne deine Schritte und
halte drohende Gefahren von dir fern.

Gott, der den Uhu in der Nacht
den Pfad erkennen lässt,
der auch den Maulwurf
durch die Dunkelheit der Gänge führt,
der dem Kamel das Wissen der Oase schenkt,
Er segne deine Reise und führe dich zur guten Rast.

Gott, der den Nordstern an den Himmel setzte,
der für die Seefahrt an das Kreuz des Südens dachte,
der sanftes Moos als treues Zeichen an die Bäume legte,
Er segne dich auf deinem Weg und schütze dich
bei Tag und Nacht.

Gott, dessen Sohn die Erde sanft betreten hat,
der unebene Wege sicher und gerade macht,
der durch die Wüste eine Straße legt,
Er führe dich den Weg,
auf dem dein Fuß an keinen Stein stößt.

Gott, der der Vater aller Menschen ist,
und dessen Arme weit geöffnet auf dich warten,
der dich zu jeder Zeit, an jedem Ort
mit liebevollem Blick begleitet,
Er sende einen guten Engel,
der dich dann glücklich und gesund
nach Hause bringt.

70

Haussegen

In diesem Haus wohne der Segen
des Allmächtigen. Den Menschen
hier sei Seine Güte zugetan. Er sei
für sie das Dach, das sie behütet,
und bei Tag und Nacht sei Er der
Gute Hirte, der sie vor dem Bösen
und vor allem Schaden treu bewahrt.

Gott segne den Eingang dieses
Hauses und lege Seine Gnade
über jede Ankunft, über jeden
Abschied. Er erfülle diesen Ort
mit warmer Gastlichkeit und
herzlicher Offenheit.

Gott segne das Wohnzimmer,
den Treffpunkt zum Gespräch,
zur Feier und zur Entspannung.
Er gebe Seinen Frieden in das
Miteinander und die Bereitschaft,
sich zu achten, sich zu hören und sich wahrzunehmen.

Gott segne das Bad dieser
Wohnung und erfreue seine

Bewohner mit der Erfrischung
einer wohltuenden Körperpflege.
Er erinnere sie daran, dass Leib
und Seele eine Einheit bilden
und jeder Tag ein neuer Anfang ist.

Gott segne den Schlafraum,
der zur Ruhe nach getaner
Arbeit einlädt, wo Geist und
Körper neue Kräfte sammeln
können. Gott schenke allen
Menschen einen guten Schlaf
und ein erholtes und gestärktes
Aufstehen.

Gott segne die Küche dieses
Hauses. Er gebe, dass die
Speisen für den Körper immer
reichen und auch dem Geist
die Nahrung Tag für Tag gereicht
wird. Er schenke allen, die das
Essen zubereiten, die Fantasie,
mit Liebe Gottes Gaben anzurichten.

Freundschaftssegen

Ich danke dir für deine Freundschaft
und bitte Gott,
dass Er dich segnet,
und dass du immer mehr erkennst,
wie segensreich du für mich bist,
und was du mir mit deiner
Freundschaft schenkst.

Ich will mit meinem Dank
und diesem Segen
dir darauf eine Antwort
geben.
Ich bitte Gott für dich um
alles Gute und gebe dir
von mir das feste Wort,
dass du mit mir zu
allen Zeiten rechnen kannst.

Du hast mir oft und oft
gezeigt, dass deine Türen
für mich offen stehen;
Du hast mir oft und oft
gezeigt, dass du mich kennst
und mich verstehst.

Oft hast du meine Bitte
schon erfüllt, bevor ich sie
dir stellte.

Gott segne dich dafür mit Seiner
Liebe und mit Seinem Schutz.
Er sei der Hüter deiner guten Seele
und halte alles Dunkle von dir fern.

Ich habe immer mehr von
dir erfahren, was eine Freundschaft
erst bedeutet.
Ich habe gerne mehr und mehr
von dir gelernt und möchte
das Erlernte nun an dir erproben und dir ein
grenzenloses Maß an Freundschaft schenken.

Und Gottes Segen komme reich
auf dich herab und bleibe
immer, überall bei dir.

Für Kranke

Mit aller Liebe, mit aller Kraft,
mit allem Mut
sei Gott bei dir und
und halte liebevoll deine Hand.
Jeder Schmerz soll von
dir weichen,
jede Sorge dich verlassen,
überreich sei Gottes Gnade
in und über dir.

Gott gebe dir die Ruhe in
der Nacht, Entspannung für
den Körper und den Geist,
er stärke dich mit jener großen
Hoffnung, dass du in Ihm
geborgen bist. Er weiß um dich
und kennt dich tief bis
in den Grund, und deinen
Namen hat Er fest
in Seine Hand geschrieben.

Gott gebe dir am Tag
die Nähe lieber Menschen,
die für dich da sind

und dir treu zur Seite stehen.
Er selber sei dir jederzeit so nahe,
dass du ihn ahnen kannst
und sicher bist,
dass Er dich hört, wenn du
Ihn rufst.

Gott gebe dir alles Gute,
denn Er weiß um alles,
was dein Leben trägt und hält;
Er erfülle dich mit dem Wunder
Seiner Liebe und berühre
dich mit Seinem Geist,
damit du tief in dir erkennst,
dass Er der Gott ist,
der in Güte für dich da ist.

Das gewähre dir der Dreifaltige Gott:
Der Vater
und
der Sohn
und
der Heilige Geist.

73

Für ein wichtiges Gespräch

Herr, ich bitte dich sehr herzlich
mit deinem Segen in ein
kommendes Gespräch hinein.
Ich möchte, dass es gut verläuft
und frei ist von Verwirrungen und Irrtümern.

Hilf mir vor allem, aufmerksam
zuzuhören und mit aller guten
Mühe zu verstehen. Gib mir die
Ruhe, meinem Gegenüber alle
Zeit zu lassen, seine Sache vorzutragen.

Lass mein Gesicht ein echtes
Interesse zeigen und das Signal
zum gegenseitigen Vertrauen geben.
Lass mich ganz deutlich zu
verstehen geben, dass das Gesagte
bei mir angekommen ist und dass
ich im Verlauf auf diesem Boden weiter denke.

Gib jedem meiner Worte Deinen
Segen, bevor es meinen Mund
verlässt. Dein Geist sei als Berater
da und verleihe dem Wortwechsel

die gegenseitige Wertschätzung,
das gemeinsame Bemühen um
ein gerechtes Ergebnis und
den Frieden für die Zeit danach.

Herr, segne mich und lass mich
ein guter Gesprächspartner sein.
Gib, dass ich die richtigen Worte
finde, und bewahre mich vor
Missverständnissen und Vorurteilen,
vor Unterstellungen und
jeder Art Beleidigung.

Herr, segne mich und lass mich
offen und ehrlich,
fair und respektvoll
meine Meinung sagen und vertreten.
Gib mir die Weite,
bessere Argumente anzunehmen
und die Größe, einzulenken,
wenn es darauf ankommt.

Für Hunde

Guter Gott,
Du hast den Hund
zum Weggefährten
vieler Menschen bestimmt.

Mit Wachsamkeit und Liebe,
mit Zuverlässigkeit und Treue
begleitet er sie jederzeit.
Erfülle diesen guten Hundefreund
mit Deinem Segen
und lass ihn unter guten Menschen sein.

Dass er ein gutes Zuhause hat
mit einer warmen Ecke für die Nacht;
dass sie mit ihm spazieren gehen
und auch Verständnis haben,
wenn er Nachrichten an Bäumen
und an Ecken findet;
dass er sich wälzen darf
und mit markanten Düften, wenn auch gelegentlich,
der Hundeumwelt imponieren kann;
bewahre ihn vor lautem Knall,
vor selbstbewussten Katzen in der Nachbarschaft,
vor Zecken und vor allem Bösen.

Erhalte seinen treuen Blick,
das Wedeln seiner Rute,
die Freudenrufe zum Willkommensgruß,
den Unfug und das Spielvergnügen.

Lass ihn voll Stolz und Selbstbewusstsein
jenen Platz einnehmen
in seinem Menschenrudel,
dessen Schutz und Sicherheit
zu seinem Verantwortungsbereich gehören.

Lass ihn im Traum den Tag erleben
und die Geborgenheit
des Hauses stillvergnügt genießen.

Amen.

75

Für Pferde

Großer Gott,
Du hast die Pferde wunderbar
erschaffen
und ihnen ein Herz gegeben
voller Achtsamkeit und Liebe.

Im Spiel der Ohren
zeigen sie voll Ehrlichkeit
die Gültigkeit ihrer Gefühle.
Sie bieten ihren Rücken an,
um andere zu tragen,
und leisten selbst im Kleinsten
treue Arbeit.

Segne diese wundervollen
Geschöpfe,
damit sie gesund bleiben
und in ihrem Pferdeherzen glücklich sind.

Bewahre sie vor Koliken
und Hufgeschwüren,
vor Hufrehe und Mauke,
vor lästigen Insekten
und beschenke sie mit Menschen,

die in Liebe für sie sorgen,
damit sie ihren Durst mit
gutem Wasser stillen können,
damit sie einen Unterstand
zum Schutz vor Wind und Regen haben,
damit das Heu gut aufgeschüttelt
und ein gutes Stroh zur Ruhe ausgebreitet ist.

Herr, schenke ihnen gute Menschen,
die sie verstehen, die sie achten,
die dankbar sind für ihre Dienste,
die auch Geduld bei Schwierigkeiten haben
und sie für alles Gute loben.

Amen.

76

Für Kaninchen

Ewiger Gott,
Schöpfer des Himmels und der Erde,
mir ist ein Kaninchen
anvertraut,
klein und zierlich,
aber selbstbewusst
und manchmal ängstlich.
Segne meinen schweigsamen
Gefährten
und gib, dass ich ihn verstehe,
wenn er auf seine Weise
mit mir spricht.

Hilf mir,
die richtige Nahrung zum
Futter zu geben,
damit seine Zähne gesund
bleiben und nicht zu lang
werden;
lass mich erkennen,
wenn es ihm einmal nicht gut geht,
und lass mich verstehen,
was ihm fehlt,
wenn er sich zurückzieht

und nicht frisst und sich
nicht rührt.

Lass mich bei ihm sein,
wenn er vor Angst und
Aufregung mit seinen
Hinterläufen auf den Boden
trommelt, und hilf mir,
den richtigen Zeitpunkt
zu finden, ihn zu
streicheln und zu
unterhalten.

Segne mein Kaninchen
und bewahre es vor jeder Krankheit.
Lass es glücklich bei mir leben
Und schenke uns gemeinsam
eine schöne
Zeit.

Für Handy-Experten

Gott sende dir ein festes HDGDL
und ein gesegnetes HF
für alle Tage deines Lebens.

Er nehme jede Angst von dir
und gebe dir mit einem zuverlässigen BG
die Sicherheit, dass einer
immer für dich da ist.

Er lege mehr,
viel mehr in Seine Botschaft
als ein vorläufiges LD.
Er gebe dir eindeutig zu verstehen:
Die Welt und Seine
ganze Liebe ist 4u.

Doch mehr als
alle Kürzel und geheimen
Zeichen sei Sein Versprechen,
dass Er dich so annimmt,
ohne Wenn und Aber, wie du bist.

HDGL = Hab dich ganz doll lieb, HF = Have fun,
BG = Bis gleich, LD = Lieb Dich, 4u = For you

Stichwort-
verzeichnis

Stichwortverzeichnis